001bu Foto: ws

Sabine und Wolfram Schwieder

Astrid Lindgrens Schweden

„Eine Kindheit ohne Bücher wäre keine Kindheit.
Es wäre, als ob man aus dem verzauberten Land ausgesperrt wäre,
aus dem man sich die seltsamste aller Freuden holen könnte.“

Astrid Lindgren

Impressum

Sabine und Wolfram Schwieder
Astrid Lindgrens Schweden
Von Bullerbü zur Villa Kunterbunt

erschienen im
Reise Know-How Verlag Peter Rump GmbH
Osnabrücker Str. 79
33649 Bielefeld

2., komplett aktualisierte und neugestaltete Auflage 2008

Gestaltung
Umschlag: G. Pawlak, P. Rump (Layout);
der Verlag (Realisierung)
Inhalt: Günter Pawlak (Layout);
Wolfram Schwieder (Realisierung)
Fotos: die Autoren (sc, ws), Silke Weitendorf (sw, S. 149, 184),
Junibacken, Stockholm (ju, S. 165–170)
Titelfoto: Wolfram Schwieder
Karten: Thomas Buri
Bildbearbeitung: Verlag Friedrich Oetinger
und Reise Know-How Verlag

Druck und Bindung: MediaPrint, Paderborn

ISBN 978-3-8317-1675-3
Printed in Germany

Dieses Buch ist erhältlich in jeder Buchhandlung Deutschlands, der Schweiz, Österreichs, Belgiens und der Niederlande.

Bitte informieren Sie Ihren Buchhändler über folgende Bezugsadressen:

Deutschland
Prolit GmbH,
Postfach 9, D-35461 Fernwald (Annerod)
sowie alle Barsortimente

Schweiz
AVA-buch 2000
Postfach, CH-8910 Affoltern

Österreich
Mohr Morawa Buchvertrieb GmbH
Sulzengasse 2, A-1230 Wien

Niederlande, Belgien
Willems Adventure
www.willems-adventure.nl

Wer im Buchhandel trotzdem kein Glück hat, bekommt unsere Bücher auch über unseren
Büchershop im Internet: www.reise-know-how.de

Wir freuen uns über Kritik, Kommentare und Verbesserungsvorschläge.

Alle Informationen in diesem Buch sind von den Autoren mit größter Sorgfalt gesammelt und vom Lektorat des Verlages gewissenhaft bearbeitet und überprüft worden.

bu002 Foto: ws

Reise Know-How im Internet

Aktuelle Reisetipps und Neuigkeiten
Ergänzungen nach Redaktionsschluss
Büchershop und Sonderangebote

www.reise-know-how.de
info@reise-know-how.de

Wir freuen uns über Anregung und Kritik.

Inhalt

Einführung

Zu den eifrigsten Astrid-Lindgren-Lesern weltweit gehören vor allem Kinder aus Deutschland. Nirgendwo sonst außerhalb von Schweden sind ihre Bücher so viele Male verkauft und aufgelegt worden, und Astrid Lindgren bekam jeden Tag mindestens einen Brief von einem deutschen Kind oder aber von einem Erwachsenen, der ihre Bücher gelesen hat. Viele haben ihr geschrieben, wie wichtig ihre Bücher für sie waren, aber viele haben sich auch in die Schauplätze in Schweden verliebt, von denen ihre Bücher erzählen. Einige Kinder wollten sogar am liebsten ganz nach Bullerbü oder Saltkrokan ziehen.

Aber so einfach ist es nicht, die Schauplätze aus den Büchern (heute) genau so in der Wirklichkeit vorzufinden. Trotzdem war meine Mutter natürlich eine Schriftstellerin, die genau wusste, welche Straße in Vimmerby sie vor sich sah, als sie eine Straße in Kalle Blomquist – Meisterdetektiv beschrieb, oder welcher See es war, auf dem Thomas und Annika ruderten, als sie Schiffbruch spielten, und in welchem Park in Stockholm Mio, mein Mio auf seiner Bank saß und einen goldenen Apfel bekam. Diejenigen also, die neugierig darauf sind, wie es an den Orten wirklich aussieht, die Astrid Lindgren zu ihren Büchern inspirierten, können sich mit diesem Reiseführer nun in Schweden auf die Suche machen!

Die Filmschauplätze gibt es natürlich alle auch in Wirklichkeit. Und das Haus in Vimmerby, in dem Astrid Lindgren geboren wurde, gibt es ja immer noch, ebenso das Haus in Stockholm, in dem sie mehr als sechzig Jahre lang wohnte.

Die Autoren dieses Reiseführers haben einen einzigartigen Einsatz gezeigt. Ich kann mich nicht an irgendeinen sehenswerten Ort erinnern, den sie nicht genannt und den Weg dorthin beschrieben haben. Sie sind außerdem sehr bedacht vorgegangen, sodass wir aus Astrid Lindgrens Familie alles, was in diesem Buch steht, gutheißen und voll und ganz unterstreichen können.

Karin Nyman
Tochter von Astrid Lindgren

003bu Foto: ws

Vorwort

„Wo ist Bullerbü? Kann man da hin fahren?", so wurde Astrid Lindgren oft von ihren jungen Lesern gefragt. Natürlich ist Bullerbü kein realer Ort, sondern ihrer Fantasie entsprungen. In diesen Kinder-Geschichten wurde eine Idylle beschrieben, die es so nicht gegeben hat, nicht hat geben können. Das Paradies entsteht erst in der Vorstellung derjenigen, die ihre Bücher lesen und lieben.

Aus diesem Grund gibt es auf die oft gestellte Frage „Wo ist Bullerbü?" zunächst eine einfache Antwort: Wer diesen Ort besuchen möchte, der sollte das Buch lesen, der sollte den Alltag mit Lisa und ihren Freunden teilen und sich an Ilon Wiklands Illustrationen erfreuen. Wer Michels Katthult kennen lernen will, der muss nur einen Blick in die drei Bände oder die Bilderbücher werfen und genüsslich die Bilder betrachten, die Björn Berg so wunderbar gestaltet hat. Um die Orte in Astrid Lindgrens Geschichten zu erleben, reichen zunächst einmal der eigene Bücherschrank oder eine Bibliothek.

Und doch: In ganz Småland, in Stockholm und andernorts in Schweden wird man als Reisender wieder und wieder an die einzigartige Kinderbuchautorin erinnert. Da gibt es Höfe, die mit ihrer im „Entschwundenen Land" beschriebenen Familiengeschichte zu tun haben. Es gibt Orte, die in den Büchern vorkommen oder als Vorbild dienten. Es gibt Schauplätze, an denen die Filme gedreht wurden. In erster Linie aber erinnert die Natur mit ihren großen Felsblöcken und den typisch schwedischen Weiden, den „svenska hagar", an das Paradies, das sie uns schreibend hinterlassen hat. Wer bekommt da nicht Lust, Astrid Lindgrens Spuren zu folgen?

Wer aber allein oder mit Kindern sozusagen auf Bildungsreise gehen will, sollte Astrid Lindgrens Werk kennen, um wirklich etwas davon zu haben. Eltern werden vielleicht erstaunt feststellen, dass ihre Kinder viel, sehr viel von dieser Autorin wissen und dass es

Nordhof, Mittelhof und Südhof – die Häuser von Sevedstorp, wie man sie aus den Bullerbü-Filmen kennt

Spaß machen kann, gemeinsam mit ihnen zu fachsimpeln. Wir haben das bei einer sehr gelungenen Ausstellung in Osnabrück erlebt, als deren Leiter einen Dia-Nachmittag zu Leben und Werk von Astrid Lindgren anbot. Auf die Frage „Wer weiß, wie Pippi Langstrumpf entstanden ist?“ meldete sich sogleich eine Achtjährige und erzählte sachkundig, wie es dazu kam: „Da war Astrid Lindgrens Tochter Karin, und die war krank und hat gesagt: ‚Erzähl mir eine Geschichte. Erzähl von Pippi Langstrumpf!‘“ Ganz genau wusste sie, was sich Mitte des vorigen Jahrhunderts abgespielt hat, und sie erzählte es, als sei es gestern gewesen.

Es ist eine Binsenweisheit, dass es kaum eine Kinderbuchautorin gibt, die in Deutschland so bekannt und so beliebt ist wie Astrid Lindgren. Zahlreiche Schulen sind nach ihr benannt, weitaus mehr als in Schweden selbst. Ihre Bücher findet man in fast allen Kinderzimmern. Es gibt aber auch kaum eine Kinderbuchautorin, deren persönliches Erleben so detailliert in ihr Werk eingeflossen ist, und so macht es besondere Freude, ihre Bücher vor dem Hintergrund ihrer Biografie zu betrachten.

Dass aber auch die kleinen Leser Interesse daran haben, etwas über das Leben einer Schriftstellerin zu erfahren, das ist eher außergewöhnlich. Speziell in Deutschland gibt es eine eingeschworene Gemeinde von Astrid-Lindgren-Fans. Und so machen sich alljährlich zahlreiche Familien auf den Weg, um in Schweden nach den Schauplätzen der Lindgren'schen Bücher zu suchen. Dann stehen sie freudig erregt vor den Bullerbü-Häusern in Sevedstorp, betrachten gerührt das Elternhaus in Näs oder tummeln sich begeistert einen Tag lang in „Astrid Lindgrens Welt“, diesem wirklich gelungenen Freizeitpark in Vimmerby.

Für all diejenigen, die auf den Spuren von Astrid Lindgren reisen wollen, haben wir Informationen über die Schauplätze und einige der Filmdrehorte zusammengetragen. Nicht überall kann man die Häuser besichtigen, oft hat die Autorin die Erinnerung an mehrere Orte zu einem einzigen, neu erfundenen zusammengetragen. Kritische Geister mögen eine leichte Enttäuschung empfinden und sich an der Vermarktung der Buchfiguren stören, die allerdings bislang recht dezent gehandhabt wird. Wer aber offenen Auges durch Schweden reist, der wird immer wieder Namen und Orte entdecken, die ihm bekannt vorkommen, weil er sie als Kind oder als vorlesender Erwachsener so gut kennen gelernt hat. Mit Sicherheit wird er die Natur, die Astrid Lindgren so wichtig war, mit den Augen der Autorin neu entdecken können.

Wer allerdings ihre Bücher nicht kennt, dem werden auch die Schauplätze nicht allzu viel bieten. Die besondere Atmosphäre ihrer Werke liegt nicht nur in der Beschreibung von Land und Zeit, sondern ist geprägt von ihrer Sprache und ihrer einzigartigen Fähigkeit, erlebte und erfundene Geschichten zu erzählen.

Sabine und Wolfram Schwieder

Hinweise zur Benutzung

Der vorliegende Reiseführer folgt literarischen Spuren und erhebt somit keinen Anspruch auf Vollständigkeit. Wir wollten Familien, die nach Schweden reisen, einen Überblick über all die Orte verschaffen, die mit Astrid Lindgren verknüpft sind. Für eine umfassende Reisevorbereitung kann dieses Buch aber keinen Reiseführer im klassischen Sinn ersetzen. Dennoch haben wir jedes Kapitel um praktische Hinweise ergänzt, in denen auf örtliche Touristinformationen (Turistbyrå) und Internet-Seiten hingewiesen wird.

Für die vorliegende Ausgabe haben wir uns von Neuem in Schweden umgesehen und alle Veränderungen registriert, die sich im Jubiläumsjahr 2007, in dem Astrid Lindgren 100 Jahre alt geworden wäre, ergeben haben. Für weitere Hinweise unserer Leser an den Reise Know-How Verlag sind wir – auch im Namen der Reisenden, die auf genaue Angaben angewiesen sind – dankbar.

Fast alle Fotos sind während unserer Reisen entstanden. Etliche von ihnen zeigen Schauspieler, die im Freizeitpark „Astrid Lindgrens Welt" in Vimmerby Szenen der Bücher nachstellen und die jungen Besucher so mit den Figuren der Autorin vertraut machen.

Gelegentliche Hinweise zu Übernachtungsmöglichkeiten sind ausgewählte Beispiele, die manchmal in Zusammenhang mit den Büchern Astrid Lindgrens stehen. Wir haben dabei vergleichsweise günstige Unterkünfte ausgewählt, die für Familien geeignet sind und die wir selbst kennen.

Darüber hinaus gibt es in Schweden zahllose Campingplätze, die auch Übernachtungen in Hütten anbieten. Es gibt „Wandererheime" (Vandrarhem), die unseren Jugendherbergen entsprechen und sehr unterschiedliche Standards bieten. Hier muss man nicht zwingend Mitglied sein; und es gibt auch Zimmer für zwei Personen oder für Familien. Angeboten werden sie unter anderem von zwei Organisationen: Sveriges vandrarhem i förening (SVIF), www.svif.se; Svenska turistföreningen (STF), www.svenskaturistforeningen.se. Letztere ist Mitglied der Internationalen Jugendherbergsvereinigung.

Schließlich gibt es noch Pensionen, Privatzimmer und Hotels, die alle aufzuzählen den Rahmen dieses Reiseführers sprengen würde. Als Information über Schweden und hilfreich bei der Suche nach Unterkünften (mit Buchungs- und Kontaktadressen) ist www.visitsweden.com, die offizielle Homepage des Schwedischen Fremdenverkehrsamtes. Wir haben die besten Erfahrungen gemacht, Unterkünfte über die Internet-Seiten der jeweiligen Orte zu suchen.

Ferienhäuser für einen längeren Aufenthalt kann man über deutsche Kataloganbieter oder – sehr viel günstiger, aber auch risikoreicher – über das Internet buchen. Wie sagte doch der alte Söderman in „Ferien auf Saltkrokan"? *„Entweder mag man es, wenn's durchs Dach regnet, oder man mag es nicht."*

004bu Foto: ws

Kindheit im „Entschwundenen Land“

Das Geburtshaus in Näs bei Vimmerby

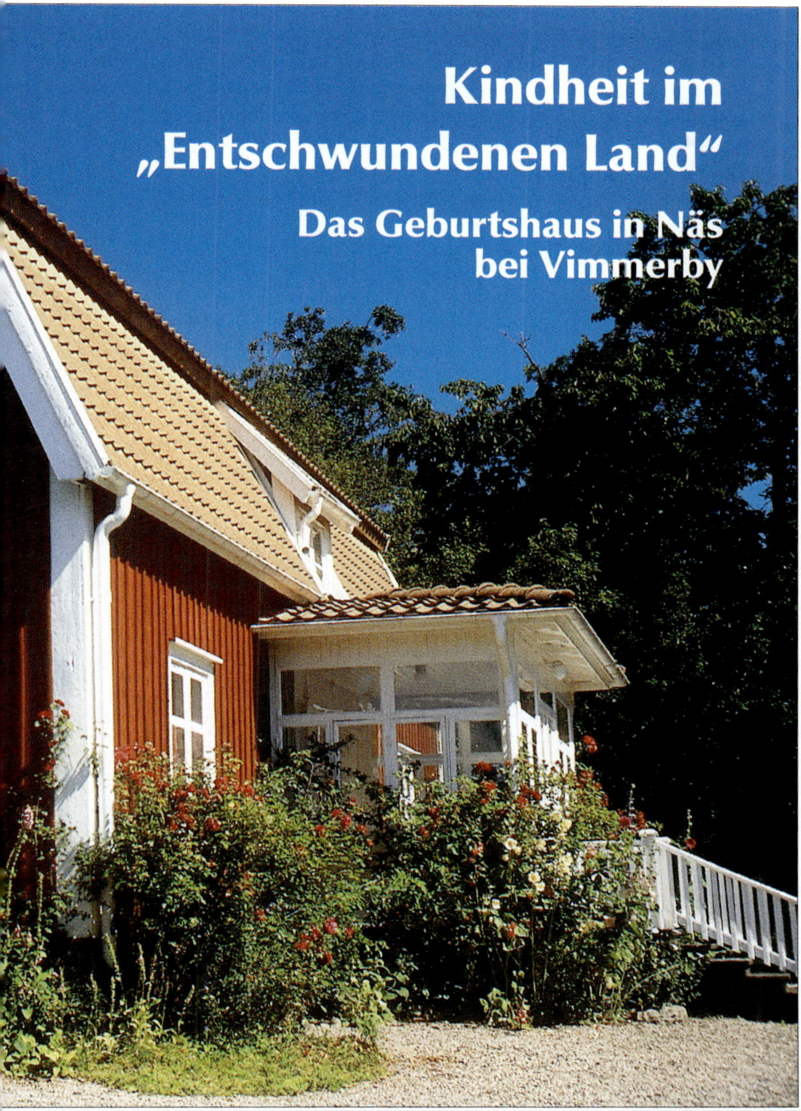

Astrid Lindgren schreibt:

„‚So will ich denn zunächst mit einigen wenigen Strichen die auf dem Lande gelegene Pfarrei skizzieren, deren rot getünchtes Wohnhaus so friedlich unter den von freundlicher Hand rings um den Hof gepflanzten Kastanien, Ulmen und Linden lag, der auf drei Seiten von Obst- und Küchengärten umgeben war. Das Haus war niedrig und enthielt nur die drei Kammern sowie Wohnstube nebst Küche, die Pastoren dazumal zugebilligt wurden. Die Stuben waren niedrig und dunkel, aber Liebe und Friede weilten darinnen, und die frohen Gesichter vier glücklicher Kinder vermögen es gewiss, Sonnenschein in dunklere Kammern als diese zu bringen.‘

Diese Schilderung stammt von einem, der lange vor Samuel August Anfang des 19. Jahrhunderts auf dem Pfarrhof Näs gelebt hat. Das Haus, von dem hier die Rede ist, wurde etwa ein Jahrhundert später die Pächterwohnung, und dorthin holte Samuel August von Sevedstorp, als die Zeit dafür gekommen war, Hanna in Hult – auf dass die frohen Gesichter vier glücklicher Kinder so nach und nach neuen Sonnenschein in das alte rot getünchte Wohnhaus brachten, in dem auch fortan Liebe und Friede weilten.“

Aus der Erzählung „Samuel August von Sevedstorp und Hanna in Hult“, erschienen in „Das entschwundene Land“

005bu Aquarell: lr

Das rote Haus, Aquarell von Leif Ruhnström

Astrid Lindgren war eine Schriftstellerin, die ihre Kraft aus einer außergewöhnlich glücklichen Kindheit schöpfte. **Geborgenheit** einerseits und **Freiheit** andererseits, das waren ihrer Meinung nach die Grundpfeiler ihrer Erziehung. Auf diesem Nährboden war Platz für intensive und fantasievolle Spiele, an die sie sich noch als Erwachsene gern erinnerte. Dies und die **småländische Natur,** die zum Spielen geradezu einlädt, machten ihre Kindheit so bemerkenswert. Dass wir Leser aber heute davon wissen und zehren können, das liegt an der besonderen Erzählweise und der klaren Sprache der Autorin, die viel von ihren Kindheitserlebnissen in ihre Bücher einfließen ließ. Bullerbü, Michel, Pippi, Madita, Saltkrokan: Die Liste der Bücher, in denen die Leser Astrid Lindgren selbst begegnen können, ist lang.

Am eindrucksvollsten aber hat sie im **„Entschwundenen Land"** ihrer Kindheit gedacht. Hier hat sie ihre Eltern, Geschwister und ihre Umgebung so lebendig geschildert, dass man als Leser meint, alles selbst zu erleben. Die Sammlung mit Erzählungen und kurzen Aufsätzen beginnt mit der Geschichte ihrer Eltern, „Samuel August von Sevedstorp und Hanna in Hult", die in Schweden zur „Liebesgeschichte des Jahrtausends" (Vivi Edström) gewählt wurde.

Samuel August war ein armer småländischer Bauernjunge, wie es im 19. Jahrhundert viele gab. Die meisten mussten sich als Knechte verdingen, doch der zielstrebige Samuel August brachte seinen Vater Samuel Eriksson dazu, den Pfarrhof von Näs bei Vimmerby zu pachten. Im Frühling 1895 zog die Familie in das rote Haus. Hier auf dem Hof sollte er sein ganzes Leben verbringen, zusammen mit Hanna, seiner „kleinen Inniggeliebten", und vier glücklichen Kindern.

Samuel August übernahm nach seinem Vater die Pächterstelle, und Hanna wurde zu einer besonders tüchtigen Bauersfrau: *„Sie kann Kühe melken und ein Pferdegespann lenken, sie kann weben und alles, was zum Schlachten gehört, sie kann Käse bereiten und spinnen und backen, und sie kann ohne Unterlass schaffen und das Gesinde anleiten, als hätte sie nie etwas anderes getan"*, schreibt Astrid Lindgren im „Entschwundenen Land".

In diesem sicheren Hort, mit Eltern, die sich ihre Liebe zeigten, wuchsen die vier Geschwister Gunnar, Astrid, Stina und Ingegerd auf. *„Es war schön, dort Kind zu sein, und schön, Kind von Samuel August und Hanna zu sein. Warum war es schön? Darüber habe ich oft nachgedacht, und ich glaube, ich weiß es. Zweierlei hatten wir, das unsere Kindheit zu dem gemacht hat, was sie gewesen ist – Geborgenheit und Freiheit. Wir fühlten uns geborgen bei diesen Eltern, die einander so zugetan waren und stets Zeit für uns hatten,*

Vorige Doppelseite: Das Geburtshaus Astrid Lindgrens, das „rote Haus" in Näs

006bu Foto: sc

wenn wir sie brauchten, uns im Übrigen aber frei und unbeschwert auf dem wunderbaren Spielplatz, den wir in dem Näs unserer Kindheit besaßen, herumtollen ließen.“

Die Freiheit war groß, geschimpft wurde wenig, aber es war selbstverständlich, dass man zu gehorchen hatte. Und es war selbstverständlich, dass auch die Kinder zur **Arbeit** herangezogen wurden, denn zu jener Zeit wurden in den Bauernfamilien alle Hände gebraucht. Auch dies kann man in den Bullerbü-Büchern oder in „Kerstin und ich“ nachlesen, in denen die Autorin der Arbeit geradezu ein Loblied singt. In ihren Erinnerungen schreibt Astrid Lindgren: *„So etwas vergisst man sein Leben lang nicht. ‚Reiß dich zusammen und mach weiter‘, wie oft habe ich mir das nicht selber gesagt, wenn ich mich vor einer tristen Arbeit drücken wollte, die fertig werden musste.“*

Knecht Alfred wird von seiner Lina angeschmachtet – Vorbild war der Pferdeknecht Pelle

Halb Wald, halb Weide – die „svenska hagar“ sind rund um Vimmerby noch heute anzutreffen

In dem anschließenden Aufsatz „Das entschwundene Land“ wird das damalige **Bauernleben** mit all den Mägden und kinderlieben Knechten und mit den Häuslerfamilien der Umgebung wach. Alfred und Lina in „Michel“, Alva in „Madita“, Agda und Oskar in den Bullerbü-Büchern, sie alle haben lebende Vorbilder, zu denen die Ericsson-Kinder ein sehr enges Verhältnis hatten und die ganz selbstverständlich am Familienleben teilnahmen. Insbesondere der kinderliebe Pelle, ein Vetter des Vaters, der auf Näs lebte und besonders gut mit Pferden umgehen konnte, ist in den Michel-Büchern als Alfred verewigt.

Auch zwei alte, allein lebende Frauen gab es im Umkreis: Ida in Liljerum und Mari in Vendladal. Wer denkt da nicht an Linus-Ida in „Madita“ oder an Michels Krösa-Maja mit ihren Märchen und traurigen Liedern, die sie zur Gitarre sangen, und mit ihren freigebigen Waffelspenden. Schließlich gab es auch die Armenhäusler, denen Michel einen Weihnachtsfestschmaus bereitete.

007bu Foto: ws

Und dann all die **Landstreicher,** die um etwas zu essen und einen Schlafplatz im Heu baten. *„Gibt es heutzutage noch einen, oder ist der letzte Landstreicher gleichzeitig mit dem Wiesenknarrer und dem letzten Ochsengespann verschwunden?“*, fragt sich die Autorin etwas wehmütig. *„Mit den Landstreichern wehte ein Hauch von Abenteuer in unsere bäuerliche Welt. Etwas an ihnen lockte und war gleichzeitig gefährlich, oh, mein Gott, wenn sie uns nun den Kuhstall anzündeten, so was hatten Landstreicher schon getan, davon hatte man gehört!“*

Nein, der 106 Meter lange **Kuhstall,** eine Besonderheit zur damaligen Zeit, wurde nicht von Landstreichern abgefackelt, sondern von der Feuerwehr: am 1. April 1971 im Rahmen einer Brandübung, um Platz für Mehrfamilienhäuser auf der anderen Seite der Prästgårdsgatan zu machen. Astrid Lindgren stand auf dem Balkon und sah, wie der Stolz ihres Vaters in Schutt und Asche verschwand. Von da an hat sie sich in Vimmerby in die Lokalpolitik eingemischt und versucht, durch ihren Einfluss zu bewahren, was zu bewahren war.

Unter anderem sorgte sie auch mit anderen zusammen dafür, dass nicht die ganze Kuhweide oberhalb von Näs bebaut wurde. Ein kleiner Teil des **„kohagen“** sieht heute noch so aus wie zur Zeit ihrer Eltern. Er ist ein Beispiel für die typischen **„svenska hagar“**, von hölzernen Flechtzäunen

Foto: ws 008bu

oder Steinmäuerchen umgebene Weiden, die halb Wald, halb Wiese sind und Bäume und Sträucher ebenso umfassen wie Felssteine und Moos. In einem Gespräch mit ihrer deutschen Biografin Sybil Gräfin Schönfeldt sagte die Autorin einmal: *„Heute ist es nicht mehr wirtschaftlich, aber ich kämpfe darum. Svenska hagen – das ist Schweden!"*

Vieles andere ist ganz und gar verschwunden, in der Erinnerung aber und in ihren Büchern ist alles lebendig geblieben: *„Fragt mich aber jemand nach meinen Kindheitserinnerungen, dann gilt mein erster Gedanke trotz allem nicht den Menschen, sondern der Natur. Sie umschloss alle meine Tage und erfüllte sie so intensiv, dass man es als Erwachsener gar nicht mehr fassen kann. Der Steinhaufen, wo die Walderdbeeren wuchsen, die Leberblümchenstellen, die Schlüsselblumenwiesen, die Blaubeerplätze, der Wald mit den rosa Erdglöckchen im Moos, das Gehölz rings um Näs, wo wir jeden Pfad und jeden Stein kannten, der Fluss mit den Seerosen, die Gräben, die Bäche und Bäume, an all das erinnere ich mich besser als an die Menschen. Steine und Bäume, sie standen uns nahe, fast wie lebende Wesen, und die Natur war es auch, die unsere Spiele und Träume hegte und nährte."*

Und wie erlebt man **Näs heute,** wenn man es als Tourist betrachtet? Nicht wenige Besucher sehen es mit Rührung und mit Herzklopfen. Und mit Respekt, denn bis heute sind das rot gestrichene Geburtshaus und das 1920 entstandene gelbe Wohngebäude daneben, in das Astrid als 13-Jährige zog, in Privatbesitz. Hier treffen sich die Familienmitglieder zu ihrem „släktkalas", wie es im Schwedischen heißt, zu den traditionellen Familientreffen, wie sie schon in „Festessen bei Tante Jenny" in den Bullerbü-Büchern so anschaulich beschrieben sind. Diese Privatsphäre soll weiterhin erhalten bleiben, auch wenn mehr und mehr Besucher sich für den Geburtsort Astrid Lindgrens interessieren.

Seit dem Jubiläumsjahr 2007 gibt es auf dem benachbarten Grundstück des „Prästgården", des Pfarrhofs, ein neu gebautes Museum mit einer Dauerausstellung über die Autorin. Seitdem werden auch für angemeldete Gruppen Führungen durch das rote Haus angeboten (auch in deutscher Sprache). Darüber hinaus ist ein Ausstellungsraum im oberen Stock der „Boa", einem ehemaligen Speicher, der auch als Landarbeiterwohnung oder Schreinerbude genutzt wurde,

Das rot gestrichene Geburtshaus

Folgende Doppelseite:
Übersicht über Näs, Aquarell von Leif Ruhnström
1. Astrid Lindgrens Geburtshaus
2. Brauhaus, Schweine- und Hühnerstall
3. Das neue Pächterhaus von 1921
4. Der 106 Meter lange, ehemalige Stall
5. „Boa" mit Ausstellung
6. „Kristins Küche", heute abgerissen
7. Der Pfarrhof (rechts dahinter ist der neue Museumspavillon)
8. Pippis „Limonadenbaum"

009bu Aquarell: Ir

5
6
7
8
4

öffentlich zugänglich. Hier haben die Verwandten der Autorin zudem einen kleinen, gemütlichen Laden eingerichtet. Das gelbe Haus aber ist ausschließlich privaten Zwecken vorbehalten.

Astrid Lindgrens älterer Bruder **Gunnar** hatte 1940 vom Vater die Landwirtschaft übernommen und betrieb den Hof zusammen mit seiner Frau Gunhild. Bis dahin hatten die beiden im alten roten Haus gewohnt, zusammen mit Samuel August und Hanna, die im oberen Stock lebten. Unter Gunnars Regie wurde Näs dann zu einem Musterbetrieb; der Pächter galt als ein ausgesprochen moderner Bauer, der sich auch politisch für seine Landarbeiter einsetzte.

Als kleiner Junge hatte er dazu noch eine andere Einstellung, wie eine kleine Episode beweist, die Astrid Lindgren im „Entschwundenen Land“ beschreibt. Der Vater Samuel August, der als Kirchenältester in seiner Gemeinde mit Respekt betrachtet wurde, setzte sich zeit seines Lebens dafür ein, die vielen Steine von den Äckern und Feldern zu entfernen, um das Land zu verbessern. Damit trieb er allerdings die eigene Pacht in die Höhe, denn das Land war ja wertvoller geworden und die Kirche konnte so mehr Geld verlangen. Eines Tages forderte der Vater seinen Sohn auf, auch ein paar Steine vom Acker zu tragen. *„Das wollte der Vierjährige nicht, und da sagte sein Vater: ‚Na ja, dann blei-*

011bu Foto: ws

ben sie eben liegen, und dann musst du sie wegschaffen, wenn du selber mal Bauer hier bist.' – ,Nee', antwortete ihm das Knäblein, ,dazu hab ich dann Knechte.'"

1965 gab Gunnar Ericsson die Landwirtschaft auf und kaufte von der Kirche das gelbe Haus, in dem auch seine drei Töchter aufgewachsen sind.

Das gelbe und das rote Haus,
Aquarell von Leif Ruhnström

Rund um das Haus gab es viel Platz zum
Spielen für die vier Ericsson-Kinder

Zur gleichen Zeit kaufte Astrid Lindgren von ihrem Bruder das rote Haus, in dem sie 1907 zur Welt kam und das später als Landarbeiterwohnung genutzt wurde. Sie begann, rings um die beiden Häuser Grund und Boden zu erwerben, damit sich die wachsende Stadt nicht auch noch Näs einverleiben konnte. Vor allem aber richtete sie alles möglichst so ein, wie es zur Zeit ihrer Eltern ausgesehen hatte.

Es war nie ihre Absicht, daraus ein Astrid-Lindgren-Museum zu machen. *„Sie wollte hier wohnen, wenn sie in Vimmerby war, und sie wollte, dass man sehen konnte, wie eine Bauernfamilie zur Zeit der Jahrhundertwende lebte"*, erzählt Barbro Alvtegen, eine der drei Töchter von Gunnar. Mit der

012bu Foto: ws

Einrichtung des neuen Museums in der unmittelbaren Nachbarschaft ist dies heute möglich, wenn auch die Besucher des roten Hauses meist mehr an Lindgren-Anekdoten als an Informationen über bäuerliches Leben interessiert sind.

Der 200 Jahre alte Prästgården (Pfarrhof), heute das Lindgren-Studienzentrum

Herrlich von Büschen bewachsen: der Veranda-Eingang zum roten Haus

Wer über dieses Thema mehr wissen möchte, hat dazu im weißen **Pfarrhof** Gelegenheit. Das 1830 erbaute Haus bildet sozusagen die Brücke zwischen Geburtshaus und Museum. Hier gibt es wechselnde Ausstellungen zu Themen rund um Astrid Lindgrens Leben und darüber hinaus gelegentlich Musikveranstaltungen oder Lesungen. Im Jubiläumsjahr beispielsweise war eine kleine, aber feine Ausstellung mit dem Titel „Näs vor hundert Jahren“ zu sehen. Das dort präsentierte Modell, das die Kleinstadt Vimmerby zur Zeit von Astrid Lindgrens Geburt darstellt, soll auch künftigen Besuchern gezeigt werden. Im Obergeschoss des Präst-

013bu Foto: ws

gården werden künftig die Wissenschaftler ihr Revier haben, die sich hier mit der Autorin wie auch mit der schwedischen Kinderbuchliteratur im Allgemeinen beschäftigen. Dafür steht ihnen eine Forschungsbibliothek mit Originalausgaben und Übersetzungen in fast 90 Sprachen zur Verfügung.

Wir aber begeben uns zurück zu unserem Ausgangspunkt und schließen uns einer kleinen Gruppe an, die Gelegenheit zu einem **Rundgang durch die unteren Räume des roten Hauses** hat. Und ein bisschen müssen wir über uns selbst schmunzeln, als wir leichtes Herzklopfen und eine gewisse Rührung verspüren. Barbro Alvtegen ist das gewohnt: *„Wenn Astrid im Garten saß und manchmal Besucher kamen, dann war es, als ob der Herrgott selbst dort sitzen würde"*, schmunzelt sie.

Besonders eindrucksvoll ist natürlich die **Küche,** ein gemütlicher Raum, der im Kinderleben der Autorin eine sehr große Rolle spielte. An der Wand hängen die Hüte von Hanna und Samuel August zusammen mit dessen Spazierstock und zeugen davon, dass der Großeltern heute noch liebevoll gedacht wird. *„Großvater war immer sehr interessiert an der Landwirtschaft und ist als alter Mann noch mit Hut und Stock zum Stall gelaufen, um zu sehen, wie es den Tieren geht"*, erinnert sich Barbro Alvtegen. Aber auch Stößel

und Mörser finden sich hier, die für den armen Bauernjungen Samuel August in seiner Kindheit das einzige Spielzeug waren.

Hier in dieser Küche wurde zum ersten Mal „Kickse-kickse-hu“ gespielt, ein wildes Laufspiel, das rund um Küche und Vorratsraum führte. Jedes Mal, wenn die Geschwister sich begegneten, stachen sie einander den Zeigefinger in den Bauch und schrien „Kickse-kickse-hu“ („sicken blås“ auf Schwedisch). Der freche Bengel Michel hat auf diese Weise einmal die Magd Lina „gepikst“, worauf der gesamte Kartoffelpufferteig auf seinem Vater landete. In der Küche von Näs kann man heute allerdings nicht mehr „sicken blås“ spielen, denn unumgängliche Veränderungen haben den Durchgang zum Vorratsraum versperrt.

In Astrid Lindgrens Büchern spielen oft die Küchen mit ihrem Ausziehsofa für die Mägde eine große Rolle. Ein solches Sofa steht auch in der Küche von Näs, und man kann sich heute nur schlecht vorstellen, dass man darin bequem schlafen konnte. Der Vorläufer all dieser Küchen aber war Kristins Küche. Kristin war die Frau eines Kuhknechtes und die Mutter von Edit. *„Diese Edit – gesegnet sei sie jetzt und allezeit – las mir das Märchen vom Riesen Bam-Bam und der Fee Viribunda vor und versetzte meine Kinderseele dadurch in Schwingungen, die bis heute noch nicht ganz abgeklungen sind“*, erinnert sich Astrid Lindgren im „Entschwundenen Land“ an ihre erste Begegnung mit Märchen, mit Sagen und vor allem mit Büchern.

Kristins Haus gibt es heute nicht mehr, vermutlich wurde es abgerissen, als 1920 das neue, **gelbe Haus** entstand. In diesem größeren und etwas reicher geschmückten Haus hat Astrid Lindgren bis zu ihrem Umzug nach Stockholm im Jahr 1926 gelebt. Die Veranda und die Küche waren eindeutiges Vorbild für die Villa Kunterbunt. Heute ist es im Besitz der Nachkommen von Gunnar.

Wir setzen unseren Rundgang durch das rote Haus fort – und werden sofort wieder an die Kinderzeit Astrid Lindgrens erinnert. Im **Schlafzimmer** nebenan haben nämlich die großzügigen Eltern erlaubt, dass „Hochwasser

015bu Foto: sc

kommt“ gespielt wurde. *„Es galt, im ganzen Zimmer herumzuklettern, ohne auch nur mit einem Zeh den Boden zu berühren. Ein Unternehmen, das ziemlich große Gewandtheit erforderte und das auf die Dauer unverwischbare Spuren auf unseren Möbeln hinterlassen haben muss. Aber es wurde uns erlaubt!“*, schrieb Astrid Lindgren einmal. Und wer kennt nicht das Nicht-den-Fußboden-berühren-Spiel, das Annika, Thomas und Pippi so gerne spielen.

Wortführer in der Ericsson-Schar waren bei diesen Spielen immer Gunnar und Astrid. Einmal wollte der große Bruder lieber lesen und nicht mit der Kleinsten spielen. Also erklärte er ihr, sie solle „Türke“ spielen: Das Spiel bestand darin, unter cem Tisch zu sitzen und zu sagen „Mehr Essen, mehr Essen“. Derweil saß Gunnar am Tisch und las in seinem Buch. Viele seiner Ideen sind später in die Figur des Las-

In der Küche, Aquarell von Leif Ruhnström

Eingerichtet wie vor 100 Jahren, die Küche im roten Haus

016bu Foto: ws

se aus den Bullerbü-Büchern eingeflossen.

So manche Erzählung hat ihren Ausgang in diesem Haus genommen, so manches Wort wurde hier erfunden, das in die Literatur einging. Deshalb heißt das rote Haus in der Familie auch „Bullerbü". Und bei einer privaten Führung, die uns Barbro Alvtegen ganz zu Beginn unserer Recherchen anbot, zeigte sie uns eine Kinderzeichnung in einer Klarsichthülle und erzählte uns dazu folgende Geschichte: Einmal saß Gunnar am Schreibtisch und malte ein Papier aus, das Astrid vorher kariert hatte. „Was malst du?", fragte Astrid. „Ein Salikon", antwortete Gunnar. „Aha", sagte Astrid und verstand sofort, welch sonderbares Ding eigentlich ein Salikon war. Lange, lange Zeit spielten die beiden fantasiebegabten Geschwister mit diesem **Salikon** – und später wurde es in der Erzählung „Allerliebste Schwester" zu einem Rosenbusch, der ein schönes Geheimnis birgt.

Das **Esszimmer** aber war die gute Stube, die nur zu besonderen Gelegenheiten benutzt wurde. Hier stand eine kleine Orgel, und als die junge Astrid eines Tages keine Lust hatte zu üben, machte sie so lange Kopfstand, bis sie Kopfweh bekam.

Barbro Alvtegen selbst hat ihre ersten drei Lebensjahre hier im roten Haus verbracht, bevor die Familie ins größere gelbe Haus umzog. Und natürlich hat auch sie, wie alle Ericsson-Kinder vor ihr, im „Eulenbaum" auf dem Nachbargrundstück gespielt. Diese hohle Ulme, die zum Grundstück des Pfarrhauses gehört, ist das Vorbild für Pippis Limonadenbaum. *„Zu unserer Zeit gab es natürlich keine Limonade darin"*, lacht Barbro Alvtegen, *„aber unsere Enkel, die haben hier schon mal etwas gefunden."*

017bu Foto: ws

Die drei Töchter von Gunnar und Gunhild – Gunvor, Barbro und Eivor – haben zusammen mit ihren Männern Leif Ruhnström, Bertil Alvtegen und Bengt Benson eine **Ausstellung** konzi-

Das gelbe Haus: Vorbild für die Villa Kunterbunt

Die hohle Ulme vor dem Pfarrhof: Vorbild für Pippis Limonadenbaum

018bu Aquarell: lr

Das Andenken an die Eltern: die Hüte von Samuel August und Hanna, Aquarell von Leif Ruhnström

piert, die sich mit den Kindheitserinnerungen der Ericsson-Geschwister befasst. Die Idee entstand bei einem Familienfest zu einer Zeit, als schon mehr und mehr Touristen nach Näs kamen, um Astrid Lindgrens Geburtsort zu besichtigen. Zunächst ging es darum, einen Ausstellungsort für Leif Ruhnströms Aquarelle zu finden, der die Gebäude von Näs oft gezeichnet hat und sich in seinen Werken auch auf die Familiengeschichte bezieht. So sind beispielsweise auf einem der Bilder die beiden Hüte von Samuel August und Hanna zusammen mit dem Stock zu sehen, den der Vater immer benutzte. „Mein Stock und Stab“, sagte Samuel August dazu gerne – in Abwandlung eines bekannten Bibelzitats.

In einem der Häuslerhäuser also, der **Boa** („draußen bei Olga“ hieß es in der Familie immer), sollte der Anfang gemacht werden. Aus dem geplanten Atelier wurde schließlich eine gut gemachte Ausstellung über die Familie, in der man viel über das „Entschwundene Land“, über die Spiele der Geschwister und deren weiteren Lebensweg erfährt. In der Broschüre „Was ist das nur für sonderbarer Nachwuchs?“, die auch auf Deutsch erhältlich ist, kann man die Texte nachlesen, und wer den Fußspuren, die auf den Boden gemalt sind, folgt, kommt von einer schönen Geschichte zur nächsten lustig erzählten Anekdote. Denn Humor und Sprachbegabung zeichnete alle vier Ericsson-Kinder aus – weshalb Samuel August, der småländische Bauer, auch vom „sonderbaren Nachwuchs“ sprach.

Gunnar Ericsson, der fantasiebegabte und musikalische Bruder, war neben seiner Tätigkeit als Landwirt auch ein Politiker, der viele Ideen in den Reichstag einbrachte. Als Verfasser der humoristischen Svitjod-Chronik war er ein kritischer Beobachter seiner Zeit. **Stina** Hergin, die eine ähnlich ausdauernde Erzählerin gewesen sein muss wie ihre Namensvetterin in „Ferien auf

In der ehemaligen Schreinerbude wurde ein Laden, die „Boa“, eingerichtet

019bu Foto: ws

Saltkrokan“, wurde Journalistin und Übersetzerin. **Ingegerd** Lindström, als Kind „Mamas kleine Nickon“ genannt, hatte nach einem Unfall während des Turnunterrichts zeit ihres Lebens gesundheitliche Probleme. Sie arbeitete ebenfalls als engagierte Journalistin und besaß die sprichwörtliche Schlagfertigkeit der Ericsson-Kinder. Einmal lief sie vor den Augen eines Polizisten über die Straße. *„Hier können Sie nicht die Straßenseite wechseln“*, rief der Polizist. *„Doch, ich bin ja in den Wechseljahren“*, gab sie zur Antwort.

Um die Ausstellung zu finanzieren und die Gebäude zu erhalten, richteten die drei Töchter von Gunnar Ende der 1980er Jahre in der ehemaligen Schreinerbude einen kleinen **Laden** ein, in dem es im Sommer die Aquarelle von Leif Ruhnström, kunsthandwerkliche Arbeiten und auch eine Auswahl an Büchern zu kaufen gibt. Die Boa, in der die Autorin auch zu ihren Lebzeiten oft Bücher signierte, ist jedes Jahr gut besucht. Viele Besucher nutzen die Gelegenheit, sich mit Astrid Lindgrens Verwandten über ihre persönlichen Erinnerungen zu unterhalten, und Gunvor, Barbro und Eivor, die sich gemeinsam mit ihren Ehemännern bei der Betreuung der Boa abwechseln, erzählen gerne und antworten geduldig auf die vielen Fragen. Durch die Einrichtung des neuen Museums ist die Familie aber ein bisschen entlastet. Von dort kommen jetzt junge Frauen, die kleinere Besuchergruppen durch das rote Haus führen. Somit ist aus dem privaten Näs ein öffentliches geworden.

Am deutlichsten wird diese Veränderung an dem neuen **Museumspavillon,** der im Jubiläumsjahr 2007 von Kronprinzessin Viktoria unter großer Anteilnahme der Bevölkerung eingeweiht wurde. Der moderne Bau ist ein gelungener und ausreichend dezenter Kontrastpunkt zu den alten Häusern daneben. Auf der Terrasse kann man gemütlich Kaffee trinken, und auch das Café mit seiner Leseecke für die kleinen Besucher lädt zu einer Pause ein. Die Ausstellung mit dem Titel „Hela världens Astrid Lindgren“ geht unserer Meinung nach jedoch keinesfalls angemessen mit dem Erbe der Autorin um.

Wir persönlich vermissen schmerzlich die Ausstellung zu Leben und Werk, die auf dem Gelände von Astrid Lindgrens Welt gleichermaßen Kinder wie Erwachsene anlockte und in aller gebotener Kürze einen umfassenden Einblick in das Werk der Autorin anbot. Diese Ausstellung, konzipiert von Lena Törnqvist, gibt es leider nur noch in Teilen, sie kann weltweit ausgeliehen werden, hat aber keinen festen Platz in Vimmerby mehr. *„Diese Ausstellung wurde mit der Zeit langweilig“*, hörten wir gelegentlich von den Verantwortlichen in Vimmerby, die zu vergessen scheinen, dass immer wieder Kinder neu heranwachsen, die den Zugang zu Astrid Lindgren finden sollten. Wir finden das schade, denn das Nachfolgeprojekt im Pavillon hat noch dazu seine Tücken.

Empfehlenswert ist zu Beginn des Rundgangs ein Besuch des Filmsaales, in dem der mittlerweile erweiterte Film

020bu Foto: ws

von Margareta Krantz gezeigt wird, der mit seinen Auszügen aus einigen Filmen und dem klugen Text ausgesprochen gut gelungen ist. Die Regisseurin hat erreicht, was eigentlich kaum machbar ist: einen kurzen Überblick über das vielfältige Schaffen und die Persönlichkeit Astrid Lindgrens zu geben.

Der anschließenden neuen Ausstellung, konzipiert von Håkan Kvist, merkt man die bewusste Abkehr von herkömmlicher Museumspädagogik an, und so ist sie eher für Erwachsene geeignet, die sich schon ein bisschen auskennen. In großen Schaukästen sind fast lebensgroße Figuren zu sehen, die Aspekte der Biografie aufgreifen. Gleich gegenüber dem Eingang zum Beispiel steht ein Kind aus Afrika mit einer kleinen Astrid Lindgren-Figur auf dem Arm – ein Hinweis auf das Engagement der Autorin für SOS-Kinderdörfer, von denen eines zurzeit unter ihrem Namen in der Zentralafrikanischen Republik entsteht.

Vieles ist nur kurz angerissen, eher angedeutet als veranschaulicht, und so vermissen wir in dieser Ausstellung die Atmosphäre der Lindgren-Bücher. Als Hinweis auf „Kristins Küche", in der die junge Astrid zum ersten Mal mit der Welt der Märchen und Bücher in

Der neue Museumspavillon, eingeweiht im Jubiläumsjahr 2007

Kontakt kam, ist hier eine überdimensionale Küchenbank zu sehen – alles weitere muss der Besucher sich selbst denken, wenn er es denn weiß.

Die Schautafeln mit privaten Fotos geben zwar auch Aufschluss über das Leben oder die Familiengeschichte der Autorin, doch wir nehmen lieber den 2007 veröffentlichten und wunderbaren Bildband „Astrid Lindgren. Bilder ihres Lebens“ von Jakob Forsell, Johann Erséus und Margareta Strömstedt zur Hand, in dem die Fotos von intelligenten und informativen Texten anschaulich unterstützt werden.

In der Ausstellung dagegen werden die Besucher nur spärlich informiert. Gelegentliche Kästen mit „altem Kram“ wie Michels Suppenschüssel wirken seltsam deplaziert. Übertrieben auch die bewusste Abkehr von sachlichen Hinweisen: Gedichte von Astrid Lindgren stehen ohne jede Jahreszahl und ohne Erwähnung der Zusammenhänge da, Tafeln mit Gedichten anderer Autorinnen sind nicht einmal mit deren Namen gekennzeichnet. Lediglich am Ende der Ausstellung gibt es eine kleine Hinweistafel.

Sparsam ist alles, wenn auch schön ausgeleuchtet. Vor dem Schaukasten mit der erwachsenen Astrid Lindgren, die ins Heu springt, stehen wir sogar leicht verwirrt da ob der seltsamen Perspektive. Zur Entstehung von Pippi gibt es eine Figur, die auf einer glatten Stockholmer Straße ausrutscht. Ansonsten kaum Hinweise auf die erste Illustration, auf das erste, für die Tochter Karin geschriebene Exemplar der Pippi.

Was in der Vorgänger-Ausstellung ein verwunschener Brunnen war, aus dem die Stimme der Autorin erklang, ist nun ein dunkler Tunnel, in dem links die Anfänge, rechts die Schlüsse ihrer Bücher zu lesen sind. Man durchschreitet ihn und lauscht der Stimme Astrid Lindgrens, aber die Auswahl der Texte erschließt sich auch nicht sofort. Und dann das größte Ärgernis überhaupt: ein großer Verschlag, in dem sich offensichtlich ein brummendes Ungeheuer befindet. Durch einen Spalt sehen die Kinder hinein – und zucken zurück vor einem roten Auge, das drohend an ihnen vorbei fährt. Sicher, „Die Brüder Löwenherz“ mit dem Drachen Katla ist ein zentrales Werk der Autorin, aber muss man in einer Ausstellung über Astrid Lindgren Monster erschaffen?

In einem anderen Schaukasten ist die Schriftstellerin als Hexe Pomperipossa, mit Stock und erdverschmierten Gummistiefeln zu Besuch bei vornehmen Politikern zu sehen. Spätestens hier wird die Intention der Ausstellungsmacher deutlich: Astrid Lindgren vom Image der Kinderbuchautorin zu befreien und ihre sozial- und gesellschaftskritischen Arbeiten in den Vordergrund zu rücken. Weg vom Bullerbü-Kitsch, mögen sie sich vielleicht gedacht haben, doch eine Astrid Lindgren ohne die Idylle der Kinderbücher ist unvollständig.

Und was nehmen die Kinder von dieser Ausstellung mit? Die Erinnerung an einen Holzverschlag mit einem Ungeheuer und eine alte Frau im Sessel, die vor dem roten Haus ihrer Kindheit

021bu Foto: sc

sitzt, während Wolken im Zeitraffer über ihr dahin ziehen. Das ist Kunst, vielmehr eine Künstlichkeit, die mit Astrid Lindgren nicht sehr viel zu tun hat. Hier haben sich Künstler ungehindert selbst verwirklicht – auf Kosten von Information, Atmosphäre und liebevoller Zuwendung, wie wir sie sonst im Umgang mit Astrid Lindgrens Werken vorgefunden haben. Einzig ein Kunstwerk in dieser Ausstellung findet unseren Beifall: der Bücherstapel aus Holz inmitten des großen Raumes, bei dem die Bücher immer leichter werden und zuletzt wie Tauben durch die Luft zu schweben scheinen.

Ein anderes Kunstwerk befindet sich draußen auf dem Gelände, zwischen dem weißen Pfarrhaus und dem Zugang zum roten Haus. Ein eckiges Wasserbecken mit einem riesigen Knabenkopf aus Bronze, aus dem Wasser ragt eine Hagebutte heraus, daneben liegt ein Dornenkranz, ebenfalls aus Bronze. Wer nach Erklärungen sucht, findet noch nicht einmal im Internet Antworten auf seine Fragen, denn offensichtlich soll vielmehr Raum für eigene Interpretationen geboten werden.

Ein Lichtblick in der Ausstellung: der holzgeschnitzte Bücherstapel

022bu Foto: ws

Und so hat es um diese **„Källan Astrid“** (Quelle Astrid) von der 1946 geborenen Berit Lindfelt viel Diskussion gegeben, denn eigentlich sollte sie auf dem Hauptplatz von Vimmerby stehen. Die Bewohner wehrten sich allerdings mit einer langen Unterschriftenliste gegen den Entwurf der Künstlerin, und so kam die „Quelle“ zum Pfarrhof. Letztlich eine gute Entscheidung, denn auch der Pavillon mit seiner eher abstrakten Vorgehensweise vertritt eine bewusst moderne Kunstauffassung.

Am Ende unseres Besuches wenden wir uns erneut der Boa zu, stöbern in dem kleinen Laden und kommen mit Astrid Lindgrens Nichte Gunvor ins Gespräch. Sie und ihre beiden Schwestern gehören zur letzten Generation, die auf dem Bauernhof Näs aufwachsen durfte, die sich noch daran erinnern kann, wie es war, als hier Bauern ihrer Arbeit nachgingen. Nach wie vor trifft sich die gesamte Familie wie zu Zeiten von Samuel August und Hanna auf Näs, um zusammen zu singen und sich an die alten Zeiten zu erinnern, auch wenn die Tiere fort sind und die Felder bebaut. Wie schrieb doch Gunnar? *„Wir finden es wunderbar, dass wir auf einem Bauernhof aufwachsen konnten. Dass wir Kinder in Bullerbü sein durften.“*

„Källan Astrid“: das rätselhafte Denkmal vor dem Pfarrhof

Praktische Hinweise

Information

- **Kulturzentrum Astrid Lindgrens Näs,** Prästgårdsgatan 24, 59836 Vimmerby, Tel. 0492/769400, www.astridlindgrensnas.se
- Hier hat inzwischen auch die **Astrid-Lindgren-Gesellschaft,** die im Mai 2002 gegründet wurde, ihre Adresse. Informationen unter: www.astridlindgrensallskapet.se

Anfahrt

- Anfahrt nach **Vimmerby** siehe dort.
- **Näs** befindet sich an der Prästgårdsgatan, einen knappen Kilometer nördlich des Stadtzentrums.

Öffnungszeiten

- **Geburtshaus** (nur mit Führung), **Bildungszentrum im Pfarrhof** und **Pavillon:** Anfang Juni–Anfang Sept. tägl. 10–18 Uhr.
- **Boa auf Näs:** Ende Juni–Ende August, Di–So 11–18 Uhr

Eintritt

- **Ausstellung im Pavillon:** 65 SEK, Kinder (6–14 J.) 25 SEK.
- **Führung im Geburtshaus:** 75 SEK
- **Ausstellung in Näs:** 20 SEK, Kinder frei.

Essen und Einkaufen

- **Boa:** Bücher von Astrid Lindgren, auch auf Deutsch, mit einem schönen Boa-Etikett, Aquarelle von Leif Ruhnström, Kunsthandwerk.
- **Pavillon:** schönes Café, Bücher, Postkarten

Übernachten

Siehe Kapitel „Vimmerby".

023bu Foto: ws

Samuel August und Hanna

Mit dem Fahrrad vom See Krön nach Sevedstorp

Astrid Lindgren schreibt:

„Es war ein Samstag im August 1894. An diesem Tag machte sich Samuel August auf eine Wanderung, die über sein Leben entscheiden sollte. Und doch ging er nur heim nach Sevedstorp. Bis dorthin waren es zwanzig Kilometer, und er konnte sich erst auf den Weg machen, nachdem auf Vennebjörke das Tagewerk beendet war. Es wurde Abend und sogar Nacht, ehe er zu Hause ankam. Und wund lief er sich obendrein, sodass er den einen Schuh ausziehen und mit einem bloßen Fuß marschieren musste. ‚Und so sehr hab ich mir 'n Rad gewünscht, dass es reineweg wunderlich war, dass keins aus dem Erdboden auftauchte', sagte er später immer, wenn er davon erzählte."

Aus der Erzählung „Samuel August von Sevedstorp und Hanna in Hult", erschienen in „Das entschwundene Land"

024bu Foto: sc

Ein Fahrrad wie zu Samuel Augusts Zeiten

In ihrem einzigen Buch, das sich vorrangig an Erwachsene richtet, beschreibt Astrid Lindgren die Lebensgeschichte ihrer Eltern, die wohl auch deshalb so anrührend ist, weil sie nicht damit endet, wie die beiden „sich kriegen", sondern erzählt, wie diese Liebe ein ganzes langes, arbeitsreiches Leben währt.

Der zur Pfarrei gehörende Pachthof in Näs war die Heimstatt dieser Liebe, und die Aussicht, diesen Hof zu pachten, ließ Samuel August einen beschwerlichen Weg zu Fuß nach Hause antreten. Über 100 Jahre später möchten wir diese Wanderung nachvollziehen. Wir erfüllen uns Samuel Augusts Wunsch und nehmen das Fahrrad. Die genaue Route entstand zum einen in dem Bemühen, die Schauplätze miteinander zu verbinden, zum anderen in dem Bestreben, stark befahrene Straßen zu meiden. Nach der Einschätzung von Kerstin Karre, der Enkelin von Samuel Augusts Onkel Per Otto auf Vennebjörke, die dort heute noch mit ihrem Mann wohnt, dürfte die Route sogar in weiten Teilen dem tatsächlichen Heimweg von Samuel August entsprechen.

Vorige Doppelseite: Småländische Kulturlandschaft: Weide mit Steinen und Laubbäumen

Der Hof von Per Otto Ingström in Vennebjörke

025bu Foto: ws

026bu Foto: ws

Das folgende Kapitel ist also eine **genaue Wegbeschreibung,** die nur für Leser spannend ist, die eine solche Fahrradtour planen oder sich etwas intensiver mit dem „Entschwundenen Land“ beschäftigen wollen. Ausgangspunkt ist ebenjener Hof von Per Otto Ingström in **Vennebjörke,** dessen gelb gestrichenes Wohngebäude oberhalb der Straße von Vimmerby nach Djursdala liegt, gleich hinter dem Ortsschild von Vennebjörke. Die Wirtschaftsgebäude sind längst der Verbreiterung der Straße gewichen, aber die Sicht über den See Krön ist wunderschön.

Das Müllerhäuschen: Inspiration für Bullerbüs „Johann von der Mühle“?

Heute wie vor hundert Jahren in Gebrauch: die typischen småländischen Weidezäune

Zu seinem Onkel Per Otto, einem Bruder der Mutter, kam Samuel August als junger Knecht, und um einem ganzen Leben als Knecht zu entgehen, wollte er seinen Vater unbedingt überreden, den Pfarrhof in Näs zu pachten. Vorgeschlagen hatte dies Per Otto, der auch gesagt hatte: *„Da weiß ich kein einen, der dafür besser passen tät als Schwager Samuel von Sevedstorp mit all seinen Jungs.“*

Unsere Route geht zunächst zurück in Richtung Vimmerby, doch schon gut hundert Meter nach dem Hof biegen wir direkt bei der Bushaltestelle „Borgmästarens Grind“ rechts ab und folgen dem Schotterweg gleich wieder links. Im Großen und Ganzen geht es jetzt immer parallel zum See **Krön** nach Süden, zunächst etwas bergab. Dem handgemalten Schild „Privat väg“ nach rechts folgen wir nicht, sondern dem Weg geradeaus weiter, der jetzt immer schmaler und bewachsener wird.

Nach ein paar hundert Metern liegt rechts ein kleines schwarzes Häuschen. Ein Schild besagt, dass diese „Ängstugan Nr. 1“ zu Vennebjörke gehörte und von einem Johan Svensson in der Mitte des 19. Jahrhunderts gebaut wurde. 50 Meter weiter liegt links eine stillgelegte alte **Wassermühle** am Bach Segelbäcken, der die Grenze zwischen Näs und Vennebjörke markierte. Vielleicht inspirierte dieser Müller Johan Svensson Astrid Lindgren dazu, in den Bullerbü-Büchern über Johann von der Mühle zu schreiben, dem Müller, der etwas wirr im Kopf, aber lieb und gut zu den Kin-

027bu Foto: ws

dern ist. Im Buch heißt der Bach allerdings Weidenbach.

Bei der Mühle geht es über die Brücke, dann muss man ein bisschen bergauf schieben; an der Gabelung wählt man den linken oberen Weg, der nach 50 Metern mit einem anderen Fahrweg zusammenkommt. Hier geht es geradeaus weiter. Nach ein paar hundert Metern und einem gelben Haus mit Kirschbäumen am Weg nehmen wir an der nächsten Gabelung den rechten unteren, etwas bewachsenen Weg und folgen an der nächsten Wegkreuzung geradeaus dem Wegweiser „Fågeltorn" (Vogelturm).

Kurz danach zweigt der Pfad zum Vogelturm rechts ab, wir fahren geradeaus durch Schonungen und Wald. Hier wie auf dem ganzen Weg kann man im Sommer immer wieder Himbeeren, Blaubeeren, Preiselbeeren und vereinzelt auch Walderdbeeren pflücken. Nach 700 Metern weitet sich der Weg zu einem Platz, und wir nehmen den rechten Weg, der jetzt durch die typischen **småländischen Weiden** führt: von Steinmäuerchen eingefasste Wiesen, voll mit Felsblöcken und vereinzelten Birken, Eichen und Wacholderbüschen. Diese Kulturlandschaft ihrer Kindheit hat Astrid Lindgren geliebt und in ihren Büchern verewigt.

Nach wenigen hundert Metern ist der **Hof Nybble** erreicht. Er gehörte früher zum Pfarrhof von Näs, hier

028bu Foto: ws

wohnte der Hilfsprediger mit seiner Familie. Als Kind muss Astrid Lindgren öfter hier gewesen sein, sowohl die Bullerbü-Geschichten als auch einzelne Episoden aus den Madita-Büchern könnten sich hier abgespielt haben. Die Autorin war auch gut mit dem Bauern befreundet, der später hier gelebt hat. Die heutige Besitzerin ist aber eine Stockholmerin, die sich mit einer Pferdepension und einem „Wandererheim“ den Traum eines eigenen Hofes in Småland erfüllt hat (siehe Kapitel „Vimmerby“, Praktische Hinweise).

Das Wohnhaus von Nybble Gård.
Mit Pony und diesem Einspänner werden die Kinder der Besucher auch schon mal herumkutschiert

Nybble Gård beherbegt heute ein kleines „Wandererheim“

Im Ortsteil Kohagen wurden die Straßen nach Lindgren-Figuren benannt

Der Weg führt mitten durch den Hof weiter. Nach 800 Metern ist der Ortsrand von Vimmerby erreicht. Der **Ortsteil Kohagen** (Kuhweide) ist heute bis auf ein kleines Stück mit lauter Einfamilienhäusern bebaut. Von Nybble kommend geht es geradeaus einen Rad- und Fußweg weiter, der sich durch das Viertel schlängelt, ohne eine Straße zu queren. Links liegt ein kleiner Spielplatz, nach einer Rechtskurve liegt rechts eine Fußballwiese,

029bu Foto: ws

an deren Ende wir links abbiegen. Rechter Hand hinter den Bäumen liegt jetzt ein Stück der ursprünglichen **Kuhweide.** Als hier in den 1970er Jahren gebaut werden sollte, mischte sich Astrid Lindgren in die Lokalpolitik ein, um wenigstens einen kleinen Teil des „kohagen" zu erhalten. Heute ist man froh darüber, dass ihr Protest erfolgreich war.

Der Radweg mündet in einen großen Kreisverkehr. Schräg rechts gegenüber fahren wir in die Prästgårdsgatan. Nach 300 Metern liegt auf der linken Seite Näs, der Ort, an dem Samuel August und Hanna ihr langes Eheleben lebten und an dem Astrid mit ihren Geschwistern aufwuchs (mehr dazu siehe Kapitel „Näs"). Auch den Ortskern von Vimmerby selbst, in dem sich einige Szenen von Samuel Augusts und Hannas Liebesgeschichte abspielten, lassen wir links liegen, er ist im Kapitel „Vimmerby" genauer beschrieben.

Nach weiteren 500 Metern entlang der Prästgårdsgatan geht es rechts hinunter in die Industrigatan, der Rad-

030bu Foto: ws

031bu Foto: ws

weg befindet sich auf der linken Seite. Vorbei an einem Kreisverkehr (hier geht es zu Astrid Lindgrens Värld ab) geht es immer geradeaus weiter. Nach einem Kilometer wird die Bahnlinie überquert, nach weiteren knapp 300 Metern wendet sich der Radweg zur Ringstraße hin, wir überqueren sie und fahren unter der Schnellstraße durch, parallel zur Straße Richtung Rumskulla.

Djurstorp liegt mitten im Wald

Der Försjön bietet herrliche Badeplätze

Auf einer kleinen Brücke geht es über den Stångån in den Ortsteil **Åbro** mit der gleichnamigen Bierbrauerei. Hier endet der Radweg, die Straße macht eine Rechtskurve und steigt leicht bergan. Nach 200 Metern biegen wir links in den Hermansborgsvägen, dem Wegweiser „Vimarvallen" folgend. Wenn geradeaus das Sackgassenschild steht, geht es ohne Straßenschild wieder links. Linker Hand hat man jetzt über die Dächer der Brauerei hinweg einen guten Blick auf den Ortskern von Vimmerby mit seiner Kirche. Nach einer Rechtskurve, am Sportplatz vorbei, hat man Vimmerby engültig hinter sich gelassen.

Der nächste Ort, **Skillingarum,** ist bereits zu sehen. Man sieht dem hüb-

032bu Foto: ws

Fahrradtour

schen Dorf nicht an, dass es als Kreuzung von Königs- und Handelswegen, als Thingplatz und Richtstätte vom 14. bis ins 19. Jahrhundert hinein Bedeutung hatte und in dieser Funktion erst spät von Vimmerby abgelöst wurde.

Wir fahren geradeaus durch den Ort und mit einer Rechtskurve hinunter zur Hauptstraße, an der es links Richtung Rumskulla weitergeht. Auf der Hauptstraße geht es zweimal kräftig bergauf, beim zweiten Anstieg weist ein Schild Richtung **Gebo.** Wir bleiben aber auf der Hauptstraße und lassen auch den Wegweiser nach Algutstorp links liegen. In Gebo hatte übrigens Samuel August bei einem Hochzeitsfest zum ersten Mal Gelegenheit, sich länger mit seiner Hanna zu unterhalten, die er bis dahin immer nur aus der Ferne anbeten konnte – *„und er schwamm in einem Meer von Glückseligkeit"*.

Nach 3,8 Kilometern von Skillingarum aus geht es eine geteerte Straße nach links in Richtung **Björnebro** überwiegend bergab. Nach 2,2 Kilometern, in Sichtweite einer Brücke, muss man den Schwung abbremsen, ein sehr kleiner, etwas verwaschener Wegweiser zeigt rechts zum See Försjön.

Wir folgen der Schotterstraße an einigen Häusern vorbei, dem Wanderwegweiser Mariedal folgend, und kommen später an einem Haus mit der Aufschrift **„Djurstorp"** vorbei. Kurz danach nehmen wir an der Ga-

034bu Foto: ws

belung ohne Wegweiser den linken, unteren Weg.

Nach der Einmündung einer Schotterstraße von rechts sehen wir nach etwa 900 Metern eine Brücke, unter der träge und moorig der Fluss Stångån vorbeifließt – derselbe Fluss, über den die Route bereits von Vimmerby nach Åbro führte. Nach weiteren 300 Metern ist dann der **Försjön** erreicht, wunderschön gelegen, mit Bade- und Picknickplatz. Hier kann man sich erfrischen und neue Kräfte für den nächsten Wegabschnitt sammeln.

Auf der Allee nach Mossebo Gästhem

Links das Museum, rechts das Restaurant von Mossebo Gästhem

In diesem Gemeindehaus von Pelarne begann die Liebesgeschichte der Eltern Astrid Lindgrens

Der hölzerne Glockenturm von Pelarne

Geradeaus geht es etwas oberhalb des Sees am Nordufer entlang. Am Ende des Sees beginnt der Weg anzusteigen, zunächst flach, dann steiler, sodass man schieben muss, will man nicht arg ins Schwitzen kommen. Doch nach einer guten Viertelstunde ist die Steigung geschafft. Rechts im Wald versteckt sich ein rotes Haus, an dessen Zufahrt der Weg eine Linkskurve macht. Vom Picknickplatz aus nach

033bu Foto: ws

036bu Foto: ws

035bu Foto: ws

2,2 Kilometern ist eine weitere Gabelung erreicht. Wir nehmen nicht den „Mellanvägen" nach links, sondern folgen nach rechts dem schnurgeraden Weg, zunächst durch Wald, dann auf einer Allee durch Wiesen und Weiden, bis nach 1,4 Kilometern **Mossebo Gästhem** erreicht ist. Hier, bei der Majorin Amalia Drangel auf Mossebo, war Hanna in Stellung, als sie schon längst mit ihrem Samuel August verlobt war. Sie sollte lernen, die perfekte Bauersfrau zu werden, die sie schließlich auch zeit ihres Lebens war. Jetzt aber sehnte sie sich offensichtlich nach einem Ende der langen Wartezeit. Jedenfalls schrieb sie: *„Ich komme mir vor, als wäre ich in einem großen Schrank eingesperrt."*

Als Besucher kann man hier heute gut essen oder Kaffee trinken, in der Hauptsaison nachmittags auch das kleine Museum besuchen und dann weiterziehen.

Bis zum großen „Riksväg Nr. 33" Mariannelund – Vimmerby sind es nur 400 Meter, auf dem „Riksväg" fahren wir links, bis es nach 900 Metern gut ausgeschildert rechts Richtung „Pelarne kyrka" (Kirche) geht. Nach einem halben Kilometer geht es nach dem Ortsschild von **Pelarne** links hinauf zur Kirche mit ihrem schönen frei stehenden hölzernen Glockenturm. Sie gilt als älteste Holzkirche Schwedens, die noch in Gebrauch ist.

Hier fand nicht nur im Sommer 1905 die **Hochzeit** von Samuel August und

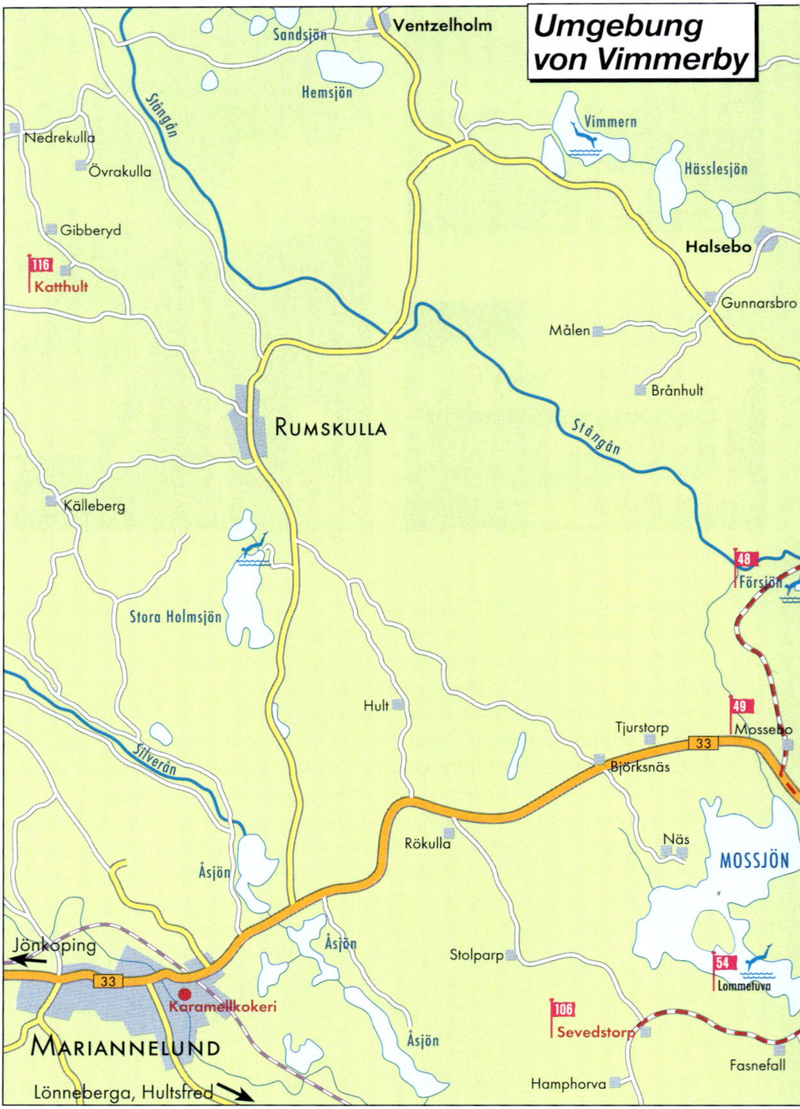
Umgebung von Vimmerby
Ventzelholm
Sandsjön
Hemsjön
Stångån
Nedrekulla
Övrakulla
Gibberyd
116
Katthult
Vimmern
Hässlesjön
Halsebo
Gunnarsbro
Målen
Brånhult
Rumskulla
Stångån
Källeberg
Stora Holmsjön
48
Försjön
Hult
49
Mossebo
Tjurstorp
33
Björksnäs
Silverån
Rökulla
Näs
Mossjön
Åsjön
Åsjön
Stolparp
54
Lommefuva
Jönköping
33
Karamellkokeri
106
Sevedstorp
Mariannelund
Åsjön
Fasnefall
Hamphorva
Lönneberga, Hultsfred

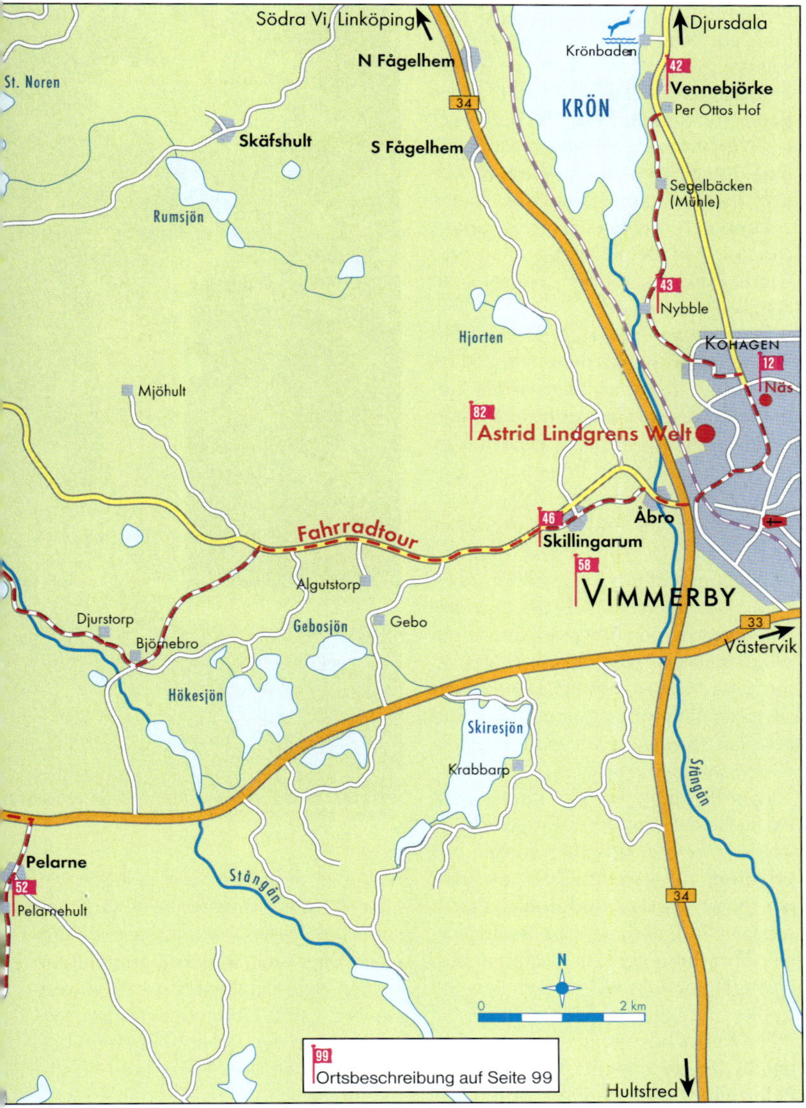
Södra Vi, Linköping
Djursdala
Krönbaden
N Fågelhem
42
Vennebjörke
St. Noren
34
KRÖN
Per Ottos Hof
Skäfshult
S Fågelhem
Segelbäcken (Mühle)
Rumsjön
43
Nybble
Hjorten
KOHAGEN
12
Näs
Mjöhult
82
Astrid Lindgrens Welt
Åbro
46
Fahrradtour
Skillingarum
58
VIMMERBY
Algutstorp
Gebo
Gebosjön
Djurstorp
Björnebro
33
Västervik
Hökesjön
Skiresjön
Krabbarp
Stångån
Pelarne
52
Pelarnehult
Stångån
34
N
0
2 km
99
Ortsbeschreibung auf Seite 99
Hultsfred

Hanna statt, hier hatte sich Propst Blidberg gut zehn Jahre zuvor auch nach seinem zukünftigen Pächter für Näs erkundigt. Und Hannas Vater, Jonas Petter Jonsson von Hult, legte ein gutes Wort für Samuel Augusts Vater, Samuel Johan Eriksson, ein, ohne zu wissen, dass er damit den Vater seines zukünftigen Schwiegersohns unterstützte. (Mit dem Umzug nach Näs wurde übrigens aus den Erikssons die Familie Ericsson.)

Links neben der Kirche weist ein freundliches Schild darauf hin, dass man doch gerne im Garten des **Gemeindehauses** rasten und seinen mitgebrachten Proviant verspeisen möge. In diesem Gebäude begann die Liebesgeschichte zwischen Astrid Lindgrens Eltern, als 1888 der dreizehnjährige Samuel August während der Repetitionsprüfung *„seine Blicke auf einem Mädchen ruhen ließ, das dicht neben dem eisernen Ofen saß. Es war die mit den Stirnfransen, die alle Fragen so gut beantworten konnte. Hanna hieß sie, neun Jahre war sie alt und stammte aus Hult. Hanna in Hult, in sie verguckte sich Samuel August."*

Vom Parkplatz vor der Kirche geht es die kleine Schotterstraße „Körsbärsvägen" weiter bergauf, vorbei am **Friedhof,** auf dem das Grab von Hannas Eltern Lovisa und Jonas Petter Jonsson zu finden ist. Eine Rechtskurve führt hinunter zur Hauptstraße. Dort geht es links weiter nach Sevedstorp.

Ein Abstecher geradeaus den Berg hinauf und dann rechts führt zum Hof **Pelarnehult,** der wunderschön ober-

038bu Foto: sc

halb des Sees Mossjön gelegen ist. Hier ist Hanna aufgewachsen. Auf diesem Hof, dessen Wohnhäuser sich um einen Baum mit Schaukel gruppieren, fanden viele Familienfeste statt, so wie sie von Astrid Lindgren etwa bei Michel oder in den Bullerbü-Büchern beschrieben werden. Hier stand Großmutter Lovisa („Lovisa mit den sanften

Händen“, die den Frauen bei den Geburten half) und begrüßte gerührt ihre Enkelkinder. *„Und dann fügte sie geschwind hinzu, dass wir auf gar keinen Fall zum See hinunter dürften, denn das könne nur damit enden, dass wir ertränken. Und fast genauso geschwind waren wir unten am See, kamen aber dennoch stets nicht ertrunken zurück“,* ist in Astrid Lindgrens Erinnerungen dazu zu lesen. Der kleine Hof ist heute noch in Familienbesitz, man sollte keinesfalls mit dem Auto hinauffahren und das eigentliche Hofgelände nicht betreten.

Zu den Familientreffen, auf schwedisch „släktkalas“, traf man sich in Pelarnehult

039bu Foto: sc

„Genauso geschwind waren wir unten am See, kamen aber dennoch stets nicht ertrunken zurück." (Mossjön bei Pelarnehult)

037bu Foto: sc

Das Grab der Großeltern Lovisa und Jonas Pet(t)er Jonsson

Wir fahren die Hauptstraße Richtung Sevedstorp weiter, mal bergauf, mal bergab. Rechts sieht man den **Mossjön** liegen. Gut 50 Meter nach einer Brücke geht ein kleiner Waldweg nach rechts ab, der zu einem Badeplatz führt. Von hier aus sieht man mehrere kleinere Inseln, von denen eine, **Lommetuva,** literarische Berühmt-

040bu Foto: ws

heit erlangte. Es handelt sich um die unbewohnte Insel, auf der Pippi, Thomas und Annika Schiffbruch erlitten. *„Gerade brach die Sonne durch die Wolken und warf einen freundlichen Schein über das helle Vorsommergrün. ‚Wahrhaftig', sagte Pippi, ‚das ist eine der nettesten unbewohnten Inseln, die ich je gesehen habe.'"* Jedenfalls wird

Lommetuva, in Pippis Augen „eine der nettesten unbewohnten Inseln"

041bu Foto: ws

„Seit zwei Tagen ohne Schnupftabak verschmachteten wir auf dieser Insel"

Fahrradtour

042bu Foto: ws

hier eine Flaschenpost der besonderen Art ins Wasser geworfen, die während unserer Sommerurlaube immer wieder als Zitat auftaucht: *„Rettet uns, bevor wir untergehen! Seit zwei Tagen ohne Schnupftabak, verschmachten wir auf dieser Insel.“*

Nach unserer Badepause fahren wir am Gehöft Fasnefall vorbei und haben von „Pelarne kyrka“ aus nach 4,2 Kilometern **Sevedstorp** erreicht. Wären wir noch weiter gefahren, hätten wir auch **Hamphorva** sehen können, wo Samuel August als Sohn bitterarmer Bauern zur Welt gekommen ist. Seine Tochter Stina dagegen gab später einmal einer freundlichen Dame patzig zur Antwort: *„Ich bin kein Frollein. Ich bin nur'ne reiche Bauerstochter.“*

Wir aber sind an unserem Ziel angekommen: Sevedstorp, auch genannt Bullerbü. Dies ist der Ort, an dem Samuel August aufgewachsen ist und der im August 1894 das Ziel seines langen, beschwerlichen Fußmarsches war.

Mit kleineren Kindern empfiehlt sich bei dieser Radtour ein Anhänger

Praktische Hinweise

Information

Für diese Fahrradtour vom Krön nach Sevedstorp gibt es einen sehr wertvollen Tipp: erst lesen, dann radeln! Wer die Geschichte von Hanna und Samuel August kennt, wird unterwegs viele Namen und Orte als alte Bekannte begrüßen. Wer „Das entschwundene Land" noch nicht besitzt, hat unterwegs in der Boa von Näs Gelegenheit, auch die deutsche Ausgabe zu erwerben.

- **Dauer:** Die Tour ist nichts für Langstreckenradler, sie ist sehr kleinteilig beschrieben, und mit vielen Pausen sind die rund 25 Kilometer durchaus in fünf Stunden zu bewältigen. Kräftige Schulkinder können die Strecke schon alleine schaffen (es geht allerdings durchaus des Öfteren bergauf), für kleinere Kinder kann man auch einen Anhänger einplanen.
- **Rückfahrt:** Start und Ziel der Tour sind öffentlich mit Radtransport kaum zu erreichen. Wer nach Vimmerby zurückfahren will, kann den gleichen Weg mit einer Variante wählen: Wenn man von Pelarne aus den Riksväg 33 erreicht, nicht links, sondern rechts Richtung Vimmerby fahren und nach 1,2 Kilometern links dem Wegweiser „Djurstorp" folgen. Diese Straße trifft nach 1,7 Kilometern bei Björnebro wieder auf die eigentliche Route, der man in umgekehrter Richtung nach Vimmerby folgen kann.

Fahrradverleih

- **„Hyr en hoj"** („hoj" könnte man mit dem umgangssprachlichen „Radl" übersetzen), Bysjövägen 26, 59830 Vimmerby, Tel. 0492/10635 oder 070/2333030, bietet auf Anfrage auch an, Fahrradfahrer samt Fahrrädern von Sevedstorp aus abzuholen. Auch für andere Radtouren und Ausflüge aller Art wird man hier ausgezeichnet beraten und betreut.

Öffnungszeiten

- **Pelarne kyrka:** offen Mai bis August Mo–Fr 12–16 Uhr
- **Museum Mossebo:** in der Hauptsaison 15–19 Uhr, Erwachsene 10 SEK, Kinder umsonst, Führungen: Tel. 0492/91125

Essen und Übernachten

- **Mossebo Gästhem:** Pelarne, 59891 Vimmerby, Tel. 0492/91016 (auch Fax) oder 0736/761446 oder 0704/197456, www.mossebogasthem.se, zwei einfache Vierbettzimmer à 600 SEK pro Nacht mit Frühstück ohne Bettzeug und Handtücher, große Speisekarte, Restaurant 12–21 Uhr.

Weitere Ess- und Übernachtungsmöglichkeiten siehe Kapitel „Vimmerby".

Ausgewiesene Radtouren

Es gibt zwar zwei Touren, die Astrid Lindgren im Namen tragen, aber keine hat sonderlich viel mit der Autorin zu tun:

- Der 216 Kilometer lange **Astrid-Lindgren-leden** (Astrid-Lindgren-Weg) von Jönköping nach Västervik ist gut ausgeschildert und führt durch Vimmerby, es gibt in der Touristeninformation Vimmerby eine Broschüre dazu (siehe Kapitel „Vimmerby").
- Auch **„Cykla in Astrids fotspår"** („Radeln auf Astrid Lindgrens Spuren"), vom Touristbüro (Turistbyrå) Vimmerby in Zusammenarbeit mit Hultsfred erarbeitet, bietet auf 73 Kilometern lediglich Etappen von einem Übernachtungsplatz zum nächsten, mit kargen Hinweisen auf die Autorin.

043bu Foto: ws

Die kleine, kleine Stadt

Rundgang durch Vimmerby

Astrid Lindgren schreibt:

„,In dieser Stadt gibt es nur eine Straße und eine Querstraße, pflegte Bäckermeister Lisander zu den Leuten zu sagen, die aus einer anderen Gegend zu Besuch hierher kamen. Und der Bäckermeister hatte Recht. Hauptstraße und Kleine Straße, das war alles, was es gab – und den Großen Markt natürlich. Der Rest waren winzige kopfsteingepflasterte, bucklige Gassen und Straßenstummel, die zum Fluss hinunterführten oder auch ganz plötzlich aufhörten vor einem baufälligen alten Haus, das mit dem Recht des Alters dort stand und den Weg versperrte und sich eigensinnig jeder modernen Stadtplanung widersetzte. Gewiss fand sich am Rande der Stadt die eine oder andere moderne Villa in einem schön gepflegten Garten; aber das waren Ausnahmen. Die meisten Gärten waren wie der des Bäckermeisters: wild gewachsen mit alten knorrigen Apfel- und Birnbäumen und verwilderten Grasflächen, die nie geschnitten wurden. Auch die Häuser ähnelten meist dem des Bäckermeisters: große Holzkästen, die ein Baumeister längst vergangener Zeiten in wildem Schönheitsrausch mit ganz unerwarteten Vorsprüngen, Türmchen und Zinnen geschmückt hatte. Eine schöne Stadt war es also, streng genommen, nicht, aber sie hatte die altväterliche gemütliche Ruhe.“

Aus „Kalle Blomquist lebt gefährlich“

044bu Foto: ws

„In dieser Stadt gibt es nur eine Straße ...“ – Vimmerbys Storgatan

Astrid-Lindgren-Lesern ist der oben beschriebene Ort ziemlich vertraut. Er steht für das beschauliche Städtchen, in dem sich die meisten Menschen kennen und in dem die Kinder wilde und verwegene Spiele spielen können. Bei Pippi Langstrumpf etwa heißt er die **„kleine, kleine Stadt“.** In den drei Bänden von „Kalle Blomquist“ schleichen die Weißen und die Roten Rosen durch die Gassen Kleinköpings. Und die beiden Freunde Rasmus und Pontus machen die Straßen Västanviks unsicher. Maditas Birkenlund und Lottas Krachmacherstraße sind, wenn auch in unterschiedlichen Epochen, Teile einer Kleinstadt. Keiner der Schauplätze entspricht exakt Vimmerby, aber allen hat die Autorin Züge ihres Heimatortes verliehen.

Heute ist Vimmerby allerhöchstens in der Nebensaison oder im Winter beschaulich, denn im Sommer tummeln sich hier die **Touristen,** die eigentlich gekommen sind, um den großen Freizeitpark „Astrid Lindgrens Welt“ zu besuchen. Die meisten von ihnen machen auch einen Abstecher in die Innenstadt, und so kommen im Jahr auf etwa 9000 Einwohner über 300.000 Reisende. Der Großteil von ihnen besucht Vimmerby in den Monaten Juli und August.

Ein Rundgang durch die Stadt auf den Spuren Astrid Lindgrens sollte eigentlich in Näs beginnen, dem Geburtsort, dem die Autorin zeit ihres Lebens liebevoll verbunden blieb (siehe Kapitel „Näs“). Wer gut zu Fuß ist, der kann also von dort die Prästgårdsgatan in Richtung Ortszentrum entlanggehen und sich somit auf Astrids Schulweg begeben; wer weniger Zeit hat, nimmt das Auto und stellt es auf einem der zahlreichen Parkplätze in der Stadt ab.

Gleich stadteinwärts neben dem Geburtshaus liegt der **Pfarrhof** von Näs, ein schönes weißes Holzhaus, in dem die Stadt Ausstellungsräume und ein Studienzentrum zur Astrid-Lindgren-Forschung eingerichtet hat. Schräg dahinter steht seit 2007 ein moderner Pavillon, in dem sich eine Dauerausstellung zu Leben und Werk der Autorin befindet (siehe Kapitel „Näs“).

Auf dem weitläufigen Grundstück des Prästgården, gleich an der Straße, steht auch der eigentliche **„Sockerdricksträd“,** der Limonadenbaum. Auf dieser Ulme kletterten schon die Ericsson-Kinder herum, und Bruder Gunnar tauschte einmal das Ei einer Eule gegen ein Hühnerei. Anlässlich der Einweihungsfeierlichkeiten im Jubiläumsjahr 2007 pflanzte Prinzessin Viktoria in der Nähe einen neuen Limonadenbaum, diesmal eine Eiche.

Weiter der Stadt zu ist nach einer Rechtskurve das **Haus Nummer 13,** ein rotes Haus mit Walmdach, zu sehen. Hier lebte Anne-Marie Ingeström, spätere Fries. Sie war Astrids „bästis“, wie die beste Freundin auf Schwedisch heißt. Astrid lernte die gleichaltrige

Vorige Doppelseite: Das rote Haus, in dem Anne-Marie Ingeström wohnte, das Vorbild für Madita

Bankierstochter als Siebenjährige kennen, und die Spiele der beiden fantasiebegabten Mädchen müssen sehr viel Spaß gemacht haben. Anne-Marie gilt als das Vorbild für **Madita,** aber natürlich steckt in dieser Figur eines aufgeweckten, lebenslustigen Mädchens viel von der Autorin selbst. Die Freundin arbeitete später in dem gleichen Verlag, Rabén & Sjögren in Stockholm, in dem Astrid Lindgren als Lektorin angestellt war, und so blieben die beiden bis ins hohe Alter Freundinnen.

Gleich nach Anne-Maries Haus kam die große Wiese, auf der in Astrids Kinderzeit der Viehmarkt abgehalten wurde, für den Vimmerby berühmt war. Heute ist aber davon nichts mehr zu sehen. Der smäländische Schriftsteller Albert Engström, auch er in dieser Gegend geboren, hat einmal erklärt, woher seiner Meinung nach der Name Vimmerby kommt: „Vi märrabytare" heißt ganz einfach „Wir, die wir Pferde tauschen".

Der Markt von Vimmerby war das wichtigste Ereignis im Kalender der Stadt, und in „Michel muss mehr Männchen machen" ist nachzulesen, weshalb: *„An jedem letzten Mittwoch im Oktober war Jahrmarkt in Vimmerby und da war etwas los in dieser Stadt, vom frühen Morgen bis zum späten Abend, das kann ich versichern. Alle Menschen aus Lönneberga und den anderen Gemeinden fuhren dorthin, um Ochsen und Kühe zu verkaufen oder zu kaufen, um Pferde zu tauschen und um Leute zu treffen und um sich einen Bräutigam zu besorgen und um Zuckerstangen zu lutschen und um Polka zu tanzen und um sich zu prügeln und um seinen Spaß zu haben – jeder auf seine Weise. Einmal hatte Michels Mama Lina gefragt, ob sie die großen Feiertage des Jahres aufzählen könne, denn sie wollte wissen, wie schlau Lina war. ‚Ja, das dürften Weihnachten und Ostern sein und dann der Jahrmarkt in Vimmerby, glaube ich!'"*

Es gab Bestrebungen, diesen Markt wieder ins Leben zu rufen, aber ein richtiger Viehmarkt wie in alten Zeiten ist daraus nicht geworden.

Dort, wo die Prästgårdsgatan auf die Drottninggatan trifft, beginnt ein großer Schulkomplex, das **Stångådalens Gymnasium.** Das alte Hauptgebäude mit den schönen Worten „Gottesfurcht, Ordnung und Fleiß" im Portal ist die gemischte Schule, in der Astrid 1923 ihr Realschulexamen bestand. Das Haus wurde im Jahr ihrer Geburt gebaut und beherbergte – höchst modern – Mädchen und Jungen gleichermaßen.

Etwas oberhalb in der Drottninggatan, an der Ecke zum Kirchplatz, wo der eigentliche Stadtrundgang beginnt, lag die **Småskolan.** Diese Grundschule hat Astrid Lindgren vermutlich ebenfalls besucht. Heute ist das unscheinbare Gebäude eine klei-

Damals modern, heute ein ehrwürdiger Bau: Statens Samskola, in der Astrid Lindgren das Realschulexamen bestand

045bu Foto: ws

ne Pizzeria, nichts erinnert mehr an eine Schule aus den Anfängen des 20. Jahrhunderts. Die heutige Astrid-Lindgren-Schule in Vimmerby hat dagegen mit der Kinderzeit der Autorin nichts zu tun.

Auf dem Platz vor der Kirche stehen wir an einem ganz entscheidenden Ort für Astrids Leben: Bis dorthin, wo heute eine Verkehrsinsel die lebhafte Straße teilt, reichte der damalige Kirchplatz. Hier stand früher eine **Traueresche,** und auf einer Bank unter dieser Traueresche saßen im Frühjahr 1903 Samuel August Eriksson und Hanna Jonsson, die später die Eltern Astrid Lindgrens wurden. Erst im allerletzten Moment rückte Samuel August mit der entscheidenden Frage heraus, und am 30. Juni 1905 heirateten die beiden. Was wäre aus der Kinderliteratur geworden, hätte Samuel August an diesem Tag nicht gewagt, seine „kleine Inniggeliebte" um ihre Hand zu bitten. Wer diese wunderschöne Liebesgeschichte miterleben möchte, sollte „Das entschwundene Land" zur Hand nehmen, das Buch, mit dem Astrid Lindgren ihren Eltern und ihrer Kindheit ein anrührendes literarisches Denkmal setzte (siehe Kapitel „Samuel August").

In der Nähe des Kirchplatzes liegt der Häuserblock **Näktergalen.** Bereits in den 1960er Jahren gab es hier wie in vielen anderen Städten auch verschiedene Pläne, alte Häuser abzureißen und durch moderne Bauten zu

Alle Fernstraßen
Hultsfredsvägen
Gerdsborgsgatan
Södra Industrigatan
Åbroallén
Norra Industrigatan
Badhusgatan
Stångågatan
Storgatan
Sevedegatan
Rönnbärsgatan
Magasinsgatan
Barkliden
Sveagatan
Klemensgränd
Lundgatan
Båtsmansb.
Båtsmansh.
Båtsmansgränd
Kyrkogårdsgatan
Västra Tullportsgatan
Kyrkogård
(Friedhof)
Biblioteksg.
Kyrkogårdsbacken
Stora
Torget
Drottninggatan
Kampgatan
Parkgatan
Prästgårdsgatan
P
8
9
10
11
12
13
14
15
16
17
18
19
20
21
22
23
24
25
26
27

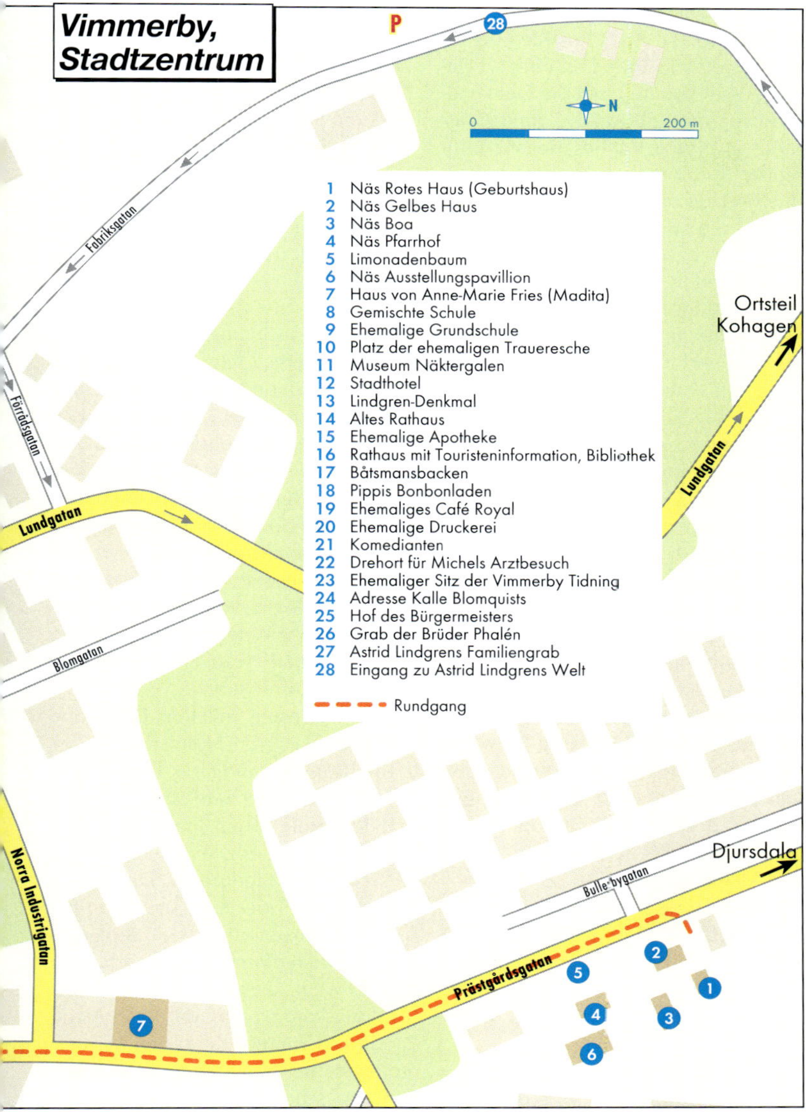
Vimmerby, Stadtzentrum
P
28
N
0
200 m
1 Näs Rotes Haus (Geburtshaus)
2 Näs Gelbes Haus
3 Näs Boa
4 Näs Pfarrhof
5 Limonadenbaum
6 Näs Ausstellungspavillion
7 Haus von Anne-Marie Fries (Madita)
8 Gemischte Schule
9 Ehemalige Grundschule
10 Platz der ehemaligen Traueresche
11 Museum Näktergalen
12 Stadthotel
13 Lindgren-Denkmal
14 Altes Rathaus
15 Ehemalige Apotheke
16 Rathaus mit Touristeninformation, Bibliothek
17 Båtsmansbacken
18 Pippis Bonbonladen
19 Ehemaliges Café Royal
20 Ehemalige Druckerei
21 Komedianten
22 Drehort für Michels Arztbesuch
23 Ehemaliger Sitz der Vimmerby Tidning
24 Adresse Kalle Blomquists
25 Hof des Bürgermeisters
26 Grab der Brüder Phalén
27 Astrid Lindgrens Familiengrab
28 Eingang zu Astrid Lindgrens Welt
Rundgang
Fabriksgatan
Förrådsgatan
Lundgatan
Blomgatan
Ortsteil Kohagen
Lundgatan
Norra Industrigatan
Djursdala
Bulle-bygatan
Prästgårdsgatan
1
2
3
4
5
6
7

ersetzen. Dabei ist in den folgenden Jahrzehnten so manches Kleinod für immer verschwunden. In einigen Fällen jedoch konnten sich die Denkmalschützer, die sich Anfang der 1990er Jahre in einem Verein „Bevara Vimmerby" zusammengeschlossen hatten, durchsetzen und die historischen Gebäude, die zum Teil mit alten Wandmalereien geschmückt sind, vor dem Abriss retten. Nicht zuletzt durch Astrid Lindgrens Hilfe, die sich von Stockholm aus in die Debatte einmischte und im entscheidenden Moment mit einer Spende von 250.000 Kronen aushalf. Im Museum gegenüber der Kirche kann man sich das Resultat der Bemühungen ansehen.

Von der Drottninggatan geht es westlich auf den Großen Platz, den **Stora Torget.** In fast jeder schwedischen Stadt gibt es ihn, diesen Großen Platz, und in vielen Astrid-Lindgren-Büchern spielt er eine Rolle. Hier kaufte Anton Svensson Zuckerstangen für Michel und Klein-Ida. Lina führte ihren Alfred vor dem Goldschmiedeladen auf und ab in der Hoffnung auf einen Verlobungsring. Maditas Freund Abbe verkaufte hier seine Zuckerkringel. Doktor Berglund suchte nach der Erbse in Lisabets Nase, und diese freche kleine Göre sagte „Affenpopo" zur Bürgermeistersfrau. Keiner dieser Schauplätze ist verbürgt, man kann auf kein Haus deuten und sagen „Dort ist es passiert" – und dennoch ahnt man, dass es sich nur hier abgespielt haben kann.

Der Hauptplatz Vimmerbys ist heute ebenso von Autos befahren wie die gesamte Innenstadt. Leider werben die Stadtväter nach wie vor mit „kostenfreies Parken in der ganzen Stadt", und so tragen die Parkplätze auf dem Stora Torget nicht gerade zur Schönheit bei. Nur in der Hauptsaison wird der Platz zum **„sommartorget"** („Sommerplatz"), er ist dann für Autos gesperrt. In dieser Zeit stehen hier kleine Bullerbü-Häuschen, auf der Hoppetosse klettern Kinder herum, auf einer kleinen Bühne machen Jugendliche Musik und spielen Theater. *„Man hatte eine Chance, das dauerhaft zu ändern",* merkt Jens Fellke, Journalist der „Vimmerby Tidning", kritisch an. Er ist Herausgeber eines Buches über Astrid Lindgren und ihren Geburtsort: „Der Rebell von Vimmerby. Über Astrid Lindgren und ihre Heimatstadt" (Vimmerby 2002). Die Arbeit daran teilte er sich unter anderem mit seiner Kollegin Rebecca Forsgren Malmström von der gleichen Zeitung und mit seiner Frau Helena Egerlid, ebenfalls Journalistin.

Wir haben uns mit Jens Fellke und Rebecca Forsgren Malmström zu einem kleinen Rundgang durch Vimmerby verabredet, und nun stehen wir auf dem Stora Torget, inmitten parkender Autos, und erhalten einen kleinen Einblick in die Stadtpolitik. Die beiden berichten von der zum Teil heftig geführten Diskussion um ein geplantes **Lindgren-Denkmal.** Es wurde ein Wettbewerb ausgeschrieben, und eine Findungskommission, der auch Astrid Lindgrens Tochter Karin und Schwiegersohn Carl Olof Nyman angehörten, hatte zwischen vier künstlerischen Entwürfen zu wählen. Alle vier vertraten eine moderne, abstrakte Kunstform, denn Astrid Lindgren selbst hatte immer gesagt, sie wolle nicht irgendwo als Standbild herumstehen, und so setzte sich die Familie für ein Denkmal ein, das mehr die Idee ihrer Bücher als ihre Person widerspiegeln sollte.

Das von der Findungskommission gewählte Kunstwerk war die „Quelle Astrid" von Berit Lindfelt, die heute auf dem Gelände des Prästgården steht (siehe Kapitel „Näs"). Denn die Bevölkerung, allen voran der Verein „Bevara Vimmerby", war mit diesem Entwurf keinesfalls zufrieden: Es gab eine Protestliste mit 8000 Unterschriften. Da die Familie der Meinung war, man müsse den Wunsch der Einwohner respektieren, kam die „Quelle" nach Näs, und für die Stadt wurde nach einer anderen Möglichkeit gesucht.

„Damit war die Chance vertan, die Autos vom Stora Torget fern zu halten", bedauert der Journalist Jens Fellke. Abgesehen von diesem verkehrspolitischen Manko erscheint die jetzige Lösung aber als ein gelungener Kompromiss.

Das **Denkmal von Marie-Louise Ekman** (1944 in Stockholm geboren) zeigt ein Ensemble aus Bronze: Astrid Lindgren in einem Zimmer mit zwei offenen Wänden. Sie sitzt an einem Schreibtisch, die Schreibmaschine vor ihr ist offensichtlich gerade in Benutzung – und man möchte ihr gerne über die Schulter sehen, um zu erfahren, welcher Text hier entsteht. Auf dem Bronzetisch befindet sich bei unserem Besuch eine Vase mit frischen Blumen, eine Besucherin lugt neugierig durch ein Fenster, während Kinder ohne jede Scheu an die Astrid-Lindgren-Figur herantreten, die im übrigen sehr lebensecht gestaltet ist – passender, als so manches andere Werk, will uns scheinen. Diese Skulptur auf dem Hauptplatz der „kleinen, kleinen Stadt" ist kein Denkmal, wie die Autorin selber es ja auch ablehnte, es ist eine für Kinder wie für Erwachsene gleichermaßen faszinierende Erinnerung. Es lädt zum Näherkommen ein, auf dem

046bu Foto: ws

Das Denkmal auf dem Stortorget: Astrid Lindgren an der Schreibmaschine

Vimmerby

047bu Foto: ws

Bronzestuhl vor ihrem Schreibtisch dürfen die Besucher ungeniert und auf Augenhöhe Platz nehmen. Ein Gedanke, der Astrid Lindgren in ihrer Verbundenheit mit den Lesern sicher gut gefallen hätte.

Auf der gegenüberliegenden Seite des großen Platzes ist das **Stadthotel** mit seiner schönen Fassade zu sehen, das wir natürlich mit Madita in Verbindung bringen. Hier tanzte das Dienstmädchen Alva, zum Entsetzen der Honoratioren der Stadt, auf dem traditionellen Herbstball mit dem Schornsteinfeger. Eine Szene, in der Astrid Lindgrens rebellische und sozial denkende Art am deutlichsten zum Vorschein kommt, wie übrigens im gesamten Madita-Buch, das man durchaus auch politisch verstehen kann. In der Erzählung findet der Ball im Pavillon des Hotelgartens statt, den es lange schon nicht mehr gibt. In Göran Graffmans ausgezeichnetem Film (1979), der unter anderem in Söderköping und im Studio gedreht wurde, sieht man die Veranda des Hotels. Hier war wohl auch die Autorin selbst des Öfteren tanzen. *„Sie war eine lebenslustige Person“*, erzählt die Journalistin Rebecca Forsgren Malmström,

Sicher in Astrid Lindgrens Sinne: Kinder spielen an ihrem Denkmal

Das Stadthotel: Hier tanzte Alva mit dem Schornsteinfeger

048bu Foto: sc

„sie hat als Jugendliche gerne getanzt." Man kann sich das gut vorstellen: Es war die Zeit des Jazz, und Astrid, die Rebellin, die sich als erstes Mädchen der Stadt die Haare kurz schneiden ließ, war natürlich dabei. Zugleich aber war sie auch traurig, als sie als Teenager entdecken musste, dass sie nicht mehr so wie früher spielen konnte.

Wir gehen nun am alten Rathaus auf der anderen Seite des Stora Torget vorbei und kommen linker Hand zum Haus **Stångågatan 45.** In diesem hohen Eckhaus befand sich in den 1920er Jahren eine Apotheke, Astrid war mit der Apothekerstochter befreundet. Eines Tages, sie muss ein Teenager gewesen sein, sollte sie die dortige Feuerleine ausprobieren. *„Sie war ja bekannt dafür, dass sie mutig war und gerne kletterte"*, berichtet Jens Fellke. Jedenfalls hielt die Leine nicht, Astrid fiel aus einer größeren Höhe herunter und landete unsanft auf der Straße. *„Sie traute sich aber nicht, es ihrer Mama und ihrem Papa zu erzählen, als sie nach Hause kam"*, erzählt Jens Fellke. Wie das aber in einer Kleinstadt so ist: Der Papa hatte schon davon gehört. Und sein einziger Kommentar war: *„Es war gut, dass du so nahe an der Apotheke heruntergefallen bist."*

Ja, Samuel August war nicht nur ein humorvoller Mann, er ließ seine Kinder auch in außergewöhnlich großer Freiheit aufwachsen. Eine Freiheit, die manchmal sogar ans Lebensgefährliche grenzte. „Aber wir haben es überlebt", betonten die vier Ericsson-Kinder immer wieder, wenn sie an die Streiche ihrer Kindheit zurückdenken. Und die vielen Kletterpartien hielten immer wieder Einzug in die Literatur. Jens Fellke zum Beispiel hält die Apotheken-Szene für entscheidend für den Balance-Akt, den die mutige und experimentierfreudige Madita ausführt: erst auf dem Schuppen (mit Regenschirm), später auf dem Schuldach. Schließlich gibt es auch noch Kati, die hoch über der Stockholmer Kaptensgatan von einem Fenstersims zum anderen klettert, um einen Fleischklops vor dem Verbrennen zu retten – eine Episode, die Astrid Lindgren so ähnlich in ihrer Stockholmer Wohnung erlebt hat.

Astrid Lindgren blieb bis ins hohe Alter eine eifrige Kletterin, und es gibt eine nette Filmszene, in der sie mit ihrer Stockholmer Freundin Elsa Olenius ihre Kunst zeigt. Elsa Olenius war Leiterin der Jugendbibliothek in Stockholm und Gründerin des ersten Stockholmer Kindertheaters, also eine Mitstreiterin für die Kinder. Zu ihrem 80. Geburtstag gaben die beiden Freundinnen ein sehr vergnügliches Interview im Fernsehen, bei dem sie um die Wette kletterten. *„Es steht nicht in Moses' Gesetzen, dass alte Frauen nicht auf Bäume klettern dürfen."*, war Astrid Lindgrens Kommentar dazu.

049bu Foto: ws

In der Stångågatan liegt schräg gegenüber auch das moderne Rathaus, das zugleich die außergewöhnlich gute **Bibliothek** beherbergt. Hier gibt es einen „Smålandsraum", in dem viel Literatur von und über Astrid Lindgren zu finden ist.

Von der Bibliothek aus gehen wir die Stångågatan über den Hügel weiter und biegen unten nach links in eine kleine Gasse namens **Båtsmansbacken** ein. Hier kann man sich vorstellen, wie Kalle Blomquist und die Weißen Rosen auf dem Kriegspfad umherschlichen und ihre gefährliche Detektivarbeit leisteten. Die niedrigen farbigen Holzhäuser sind wunderbar erhalten. *„Dies war ein pittoresker, schlecht beleumdeter Platz"*, berichtet der Stadtkenner Jens Fellke. Dort, wo früher die ärmsten Leute der Stadt hausten, ist es heute ruhig und beschaulich – und vermutlich ist es ein teures Wohnviertel.

Nachdem wir unsere kleine Runde durch Båtsmansbacken, über eine kleine Treppe und durch Båtsmanshöjden

050bu Foto: ws

zurück gedreht haben, wenden wir uns durch die Båtsmansgränd der Hauptstraße Vimmerbys zu, der **Storgatan.** Und natürlich beginnen wir unseren Rundgang durch diese Straße gleich rechts mit der Nummer 40: ein gelbes Haus namens Hökaregården. Dies war der **Bonbonladen,** in dem Pippi zweimal 18 Kilo Süßigkeiten, 60 Zuckerstangen, 72 Pakete Sahnebonbons und 103 Schokoladenzigaretten kaufte: *„Da stand ein ganzer Haufen Kinder, versunken in Betrachtung der Herrlichkeiten, die sich hinter der Scheibe ausbreiteten: große Gläser, gefüllt mit roten, grünen und gelben Bonbons,*

Båtsmansbacken,
Kalle Blomquists Revier ...

... wo die weißen und roten Rosen umherschleichen

lange Reihen Schokoladentafeln, ganze Berge Kaugummi und die verlockendsten Zuckerstangen – ja, es war kein Wunder, dass die Kinder, die da standen und schauten, hin und wieder tief seufzten. Denn sie hatten kein Geld, nicht mal ein kleines Fünförestück."

Im Spielzeugladen daneben verhilft Pippi noch jedem Kind zu einer Kuckuckspfeife, und dann gibt es ein Konzert, dass die ganze Hauptstraße dröhnt. Bis ein Polizist kommt und sich erkundigt, was das für ein Lärm ist. *„Das ist ‚Komm, lieber Mai, und mache …'"*, sagte Pippi. *„Aber ich bin nicht sicher, ob alle Kinder sich darüber klar sind. Manche denken vielleicht, dass wir ‚Dröhnen wie Gewitter, Brüder' blasen."*

Das gelbe Haus hat seit Pippis Zeiten schon mehrere Verwandlungen durchgemacht, es beherbergte unter anderem einen Lebensmittelladen und später einen Edelsteinladen. Heute kann man auf einer kleinen Tafel lesen, dass es sich um Pippis „Karamellaffär" handelt. Und woher weiß man das so genau? Nun, Astrid Lindgren selbst hat des Öfteren Besucher, Journalisten, Autoren oder Freunde durch die Stadt geführt und gesagt: „Hier war es." Im Übrigen aber mischen sich Dichtung und Wahrheit oft, und so gibt es überall Spuren zu finden, die nicht immer hundertprozentig ihren Texten entsprechen.

Schräg gegenüber vom Bonbonladen, im gelben Haus Nr. 27, befand sich zur Jahrhundertwende das **Café Royal,** wo Hanna und Samuel August sich zum Teetrinken trafen. Sie tranken Tee, weil sie das für feiner hielten, doch später merkten sie, dass sie ihn beide eigentlich nicht mochten – und kehrten zur schwedischen Tradition des Kaffeetrinkens zurück. Heute ist das ehemalige Café Royal ein eher unscheinbares Haus, und man ahnt nicht, dass hier so hohe Opfer für die Liebe gebracht wurden.

Ein Blick in den Hinterhof des Hauses Nr. 34 schräg gegenüber versetzt uns in die Zeit, in der Astrid Lindgren als Volontärin für die Wimmerby Tidning gearbeitet hat: In dem Backsteingebäude befand sich die **Druckerei,** und das junge Mädchen lief hier oft mit Korrekturen zwischen Druckerei und Zeitungsgebäude hin und her. *„Heute läuft niemand mehr mit Korrekturen"*, meint lächelnd der Journalist Jens Fellke, der seine Arbeit natürlich am Computer erledigt.

Das Haus Nummer 25 mit der Schrift **„Komedianten"** im Giebel ist der ehemalige Sitz der Heilsarmee, wo sich die junge Astrid mit ihrer Volkstanzgruppe traf. Heute beherbergt es ein kleines Theater. Astrid selbst besuchte viele Theatervorstellungen im Sveasaal in der nahe gelegenen Sevedegatan, wo sie manchmal sogar selbst mitspielte, und war eine begeisterte Kinogängerin.

052bu Foto: ws

Vimmerbys Storgatan: Hier reiht sich ein Erinnerungspunkt an den anderen

Hier wurde die Wimmerby Tidning gedruckt, in der Astrid Lindgren ihre ersten Texte veröffentlichte

053bu Foto: ws

Wir biegen kurz links in die **Klemensgränd** ab und sehen linker Hand ein dunkelgelb gestrichenes Holzhaus: Hier drehten der Regisseur Olle Hellbom und sein Team, wie sich Michel beim Arzt von der Suppenschüssel befreit, eine Szene, die eigentlich in Mariannelund spielt.

Zurück in der Storgatan, stehen wir vor der Nummer 30, dem ehemaligen Sitz der **Vimmerby Tidning.** Dass Astrid Lindgren Talent zum Schreiben hatte, war schon früh erwiesen. Bereits im Schulunterricht bei Studienrat Tengström waren ihre Arbeiten vorgelesen worden, und am 7. September 1921 veröffentlichte die damalige Wimmerby Tidning einen kleinen Aufsatz der Dreizehnjährigen unter dem Titel „Auf unserem Hof", sozusagen die allererste Idee der Bullerbü-Bücher. Ihre Klassenkameraden nannten sie fortan die „Selma Lagerlöf von Vimmerby", und Astrid beschloss, niemals Schriftstellerin zu werden ...

Auch das Realschulexamen im Frühjahr 1923 zeugt von ihrem frühen Talent und Humor: Sie schrieb über die Arbeit der Mönche und Nonnen, die Kranke pflegten, ohne dafür ein *„so unangemessenes Entgelt zu verlangen, wie es die Ärzte von heute tun"*, und über die Klosterschulen, in denen sie *„den oft halb verwilderten Kindern den Inhalt der Heiligen Schrift beizubringen versuchten"*.

Im Herbst 1924 begann das junge Mädchen als **Volontärin** bei der hiesi-

054bu Foto: ws

gen Zeitung. Für einen Monatslohn von 60 Kronen machte sie Telefondienst, brachte die Korrekturen zur Druckerei und machte Notizen. Die Zeitung erschien zweimal pro Woche und enthielt sowohl lokale Neuigkeiten wie Berichte über überregionale Ereignisse. Die meisten Artikel waren unsigniert, und so weiß man heute nicht mehr, welche von Astrid Lindgren stammen. In nahezu allen ihren Büchern aber spielen Zeitungen eine nicht unwichtige Rolle. In Bullerbü wird dem blinden Großvater vorgelesen. Michel bekommt aus der Zeitung die Idee, seiner kleinen Schwester Typhusflecke zu malen. Maditas Vater ist ein sozialkritisch schreibender Journalist, Madita selbst verfasst, als sie mit Gehirnerschütterung krank liegt, einen Zeitungsbericht. Und im zweiten Band der Kalle-Blomquist-Trilogie gerät die kleine Eva-Lotta in Lebensgefahr, als ein unsensibler Berichterstatter sie so genau beschreibt, dass der von ihr ertappte Mörder sie leicht finden kann.

Im zweiten Sommer ihres Volontariats unternahm Astrid Lindgren mit fünf Freundinnen eine zehntägige **Fußwanderung** am Vätternsee ent-

Storgatan 25, das kleine Theater „Komedianten“

Storgatan 14: So lautet die Adresse Kalle Blomquists

Vimmerby

lang nach Motala und Linköping. Unter dem Titel „Auf der Walze" („På luffen") erschienen drei Reisebriefe in der Wimmerby Tidning, geschrieben im Jargon von Teenagern. Sie berichteten von den Wanderungen, vom Bootfahren auf dem See Sommen, vom Polkagrisarlutschen (Zuckerstangenlutschen) in Gränna, vom Blick auf die Insel Visingsö und von der Besichtigung der Klosterruine in Alvastra.

Die Mädchen waren unter anderem auch auf dem Landsitz der damals berühmten Pädagogin **Ellen Key,** die ihre jungen Besucherinnen eher ungnädig aufnahm. Ja, ihr Hund biss eines der Mädchen sogar ins Bein. Und doch scheint dieser Besuch nachhaltigen Eindruck auf Astrid gemacht zu haben: In der Eingangshalle des Hauses findet man das Zitat „Denna dagen ett liv" („Dieser Tag ein Leben"); der beißwütige Hund war ein Bernhardiner; die Haushälterin hieß Malin – und plötzlich finden wir uns in „Ferien auf Saltkrokan" wieder. Die Autorin selbst war aber immer der Meinung, dies alles sei nur Zufall gewesen.

Der letzte Reisebrief, der in der Zeitung abgedruckt war, zeigt ganz deutlich Astrid Lindgrens zwiespältiges Verhältnis zu ihrer Heimatstadt: *„Liebes kleines Vimmerby, du bist eigentlich keine schlechte Stadt, in die man heimkehrt, aber Gott bewahre uns davor, hier für immer bleiben zu müssen."* Im Frühling 1926 zog sie dann auch als 18-Jährige nach Stockholm, ungewollt schwanger und mit großer finanzieller Not kämpfend. Sie brachte ihren **Sohn Lars** in Dänemark zur Welt, weil sie

055bu Foto: sc

dort – im Gegensatz zu Schweden – nicht gezwungen war, den Namen des Vaters preiszugeben. Dieser, ihr Chef bei der Wimmerby Tidning, war nämlich verheiratet und keinesfalls der Mann, mit dem sie ihr Leben verbringen wollte. Trotz des guten Verhältnisses zu ihren Eltern, die voll und ganz hinter ihr standen, wollte sie weg von

Vimmerby, wissend, was für ein gesellschaftlicher Makel ein uneheliches Kind zu dieser Zeit noch war.

Erst nach drei äußerst schwierigen und bitterarmen Jahren, als die dänische Pflegemutter von Lars erkrankte, holte sie ihren Sohn zu sich und brachte ihn schließlich zu ihren Eltern nach Näs. *„Ja, ich bin der Ansicht, dass es eine Art Pioniertat war, als ich meinen unschuldigen Sohn in eine Kleinstadt brachte, wo man es nicht gewohnt war,*

Der Bürgermeisterhof, in dem Michel und sein Pferd die Festgäste erschreckten, sieht wirklich aus wie von Björn Berg gezeichnet

056bu Foto: sc

dass ledige Mütter ihre Kinder als genauso große Wunder präsentierten wie alle anderen Kinder auch", sagte sie einmal in einem Gespräch mit ihrer Biografin Margareta Strömstedt. Jedenfalls tat ihrem Sohn der Wechsel nach Näs sehr gut, und bald hatte er sich in einen echten Småländer verwandelt.

Wir setzen unseren Weg durch die Storgatan fort und kommen zur Nummer 14: In diesem wunderhübschen Haus wohnte **Kalle Blomquist.** Zumindest lautet seine Adresse im fiktiven Kleinköping Hauptstraße 14, und wenn man das alte Gemäuer mit seinem verwilderten Garten betrachtet, kann man sich durchaus vorstellen, dass hier der Meisterdetektiv, einen Strohhalm kauend, seine kriminalistischen Theorien vor seinem unsichtbaren Zuhörer ausbreitete. *„Aber hier kann es keinen Lebensmittelladen gegeben haben"*, meint Jens Fellke, der vermutet, dass mit der Hauptstraße eher die Sevedegatan, die unscheinbarere Parallelstraße, gemeint war. *„Und ich finde immer"*, sagt Rebecca Forsgren Malmström, *„dass die alte Druckerei unserer Zeitung aussieht, wie ich mir die Bäckerei von Vater Lisander vorgestellt habe."* Ja, wer Astrid Lindgrens Werke kennt und liebt, der entdeckt in der eher unschönen Kleinstadt Vimmerby so manches Kleinod. Als wir an einem Pfingstmontag durch die Stadt liefen, lag die Straße wirklich im *„tiefsten Frieden und träumte in der Sommersonne"*.

Am unteren Ende der Storgatan liegt der **Borgmästaregården** (Nummer 3) (Bürgermeisterhof), wo Michel mit seinem Pferd Lukas mitten in die Festgesellschaft des Bürgermeisters ritt und zu guter Letzt noch das gesamte Geburtstagsfeuerwerk auf einmal abbrannte, sodass die Leute meinten, der Komet sei gekommen und lege die Welt in Schutt und Asche. Wer den prächtigen Hof betrachtet, der 1884 tatsächlich für einen Bürgermeister ausgebaut wurde, hat sofort Björn Bergs Illustrationen vor Augen – und ist froh, dass dieses Gebäude nicht den unsensiblen Stadtplanern der 1960er und 70er Jahre zum Opfer gefallen ist. Inzwischen hat das Haus wieder die ursprünglichen Farben von 1884: Grau mit dunkelgrauen Fensterrahmen.

057bu Foto: sc

An dieser Stelle beenden wir den Rundgang und gehen durch die Sevedegatan und die Sveagatan entlang zum etwas außerhalb des Zentrums gelegenen **Friedhof.** Auf diesem Hügel liegt Astrid Lindgren zusammen mit ihren Eltern, ihrem Bruder Gunnar und der geliebten Schwägerin Gunhild, genannt Gullan, sowie der Schwester Stina begraben. Das einfache Grab ist nicht leicht zu finden. Es liegt, kommt man vom Stadtzentrum, einen Gang nach dem zweiten Steingebäude des Friedhofs, am linken Abhang oberhalb des Gewerbegebietes.

Auf dem Weg zum Familiengrab kommen wir zunächst an einer anderen berühmten Grabstelle vorbei. Es handelt sich um ein schmiedeeisernes Kreuz, auf dem die Worte zu lesen sind: „Späda bröderna Johan Magnus och Achates Phalén, döde 1860" („Die kleinen Brüder Johan Magnus und Achates **Phalén,** gestorben 1860"). Als wir eine junge Frau, die gerade Büsche beschneidet, nach dem Grab der Phaléns fragen, lacht sie leise: *„Ja, die Brüder Löwenherz, die liegen gleich dort drüben!"*

Das alte Grabkreuz inspirierte Astrid Lindgren zu ihrer Geschichte über die Brüder Löwenherz

Ein einfacher Naturstein von der Kuhweide ihres Elternhauses, so hat sich Astrid Lindgren ihr Grab gewünscht

Ein schwarzer Briefkasten und eine Bank weisen den Weg zu **Astrid Lindgrens Grab.** Auf diese Bank setzen sich manchmal Besucher und halten still Zwiesprache mit der Schriftstellerin, die für alle immer ein offenes Ohr hatte. Der Briefkasten ist für diejenigen gedacht, die sich schriftlich mitteilen möchten. Die Post wird an das Astrid-Lindgren-Studienzentrum weitergeleitet. Auf dem Grab selbst liegt ein großer Naturstein, der von der Kuhweide oberhalb von Näs stammt, auf dem nur die Unterschrift der Autorin, die Lebensdaten und das Wort „Näs" zu lesen sind. Und so ist sie doch nach Vimmerby heimgekehrt. Eine erstaunliche Tatsache, bedenkt man, dass sie fast ihr ganzes Leben in der schwedischen Hauptstadt verbracht hat. Doch die Anziehungskraft des Geburtsortes Näs und der Eltern war offensichtlich stärker – und so endet alles, wo es begonnen hat.

Praktische Hinweise

Information

- **Vimmerby Turistbyrå:** Rådhuset 1, 59837 Vimmerby, Tel. 0492/31010, Fax 0492/130 65, www.vimmerbyturistbyra.se (auch auf Deutsch), geöffnet ganzjährig Mo–Fr 9–17 Uhr, in der Hauptsaison auch länger und am Wochenende.
- **Bibliothek:** Vimmerby Bibliotek, Stadshuset, 59881 Vimmerby, Tel. 0492/769095 oder 769094, Fax 769096, www.vimmerby.se (dann Bibliothek anklicken), geöffnet: Mo–Do 10–19, Fr 10–17, Sa 10–13 Uhr; der Zeitungsraum öffnet Mo–Fr schon um 8 Uhr.
- **Museum Näktergalen:** Sevedegatan 43, 59837 Vimmerby, www.vimmerby.se/naktergalen, Tel. 0492/769459, Eintritt 20 SEK, Kinder 10 SEK, geöffnet Mitte Juni bis Mitte August Mo–Fr 12–17, Sa 10–14 Uhr, in der Nebensaison nur Fr und Sa und für Gruppen nach Vereinbarung.

Stadtführungen

- Seit 2007 gibt es in der Hauptsaison **geführte Wanderungen durch Astrid Lindgrens Vimmerby,** beginnend in Näs. Beginn Di und Do 17 Uhr, Dauer ca. 70 min, Preis 30 SEK, Kinder (6–14 J.) 20 SEK. Info und Buchung im Kulturzentrum Astrid Lingrens Näs (siehe „Kindheit im entschwundenen Land").

Anfahrt

- **Vimmerby** liegt etwa auf halbem Wege zwischen Schwedens Südspitze und Stockholm und ist von Trelleborg oder Malmö aus in ca. vier bis fünf Autostunden zu erreichen, z.B. von Malmö auf der E22 Richtung Kristianstad/Kalmar bis ca. 20 km hinter Lund, dort auf die 23 Richtung Växjö. Auf dieser Straße fährt man sehr lange, vorbei an Hässleholm, Älmhult und Växjö, dann weiter auf der 23 Richtung Oskarshamn. Gut 5 km nach Åseda geht es nach Norden auf die 138 und über Virserum nach Målilla; dort abbiegen auf die 34 und an Hultsfred vorbei nach Vimmerby.

Essen und Einkaufen

- Siehe auch Kapitel „Astrid Lindgrens Welt“.
- Vimmerby hat alles, was man als Reisender so braucht. Im Zentrum gibt es viele kleine **Läden und Restaurants** (Fast Food ist oft genauso teuer wie ein Tagesgericht im Restaurant).
- Gleich nördlich vom Zentrum auf dem Weg zu Astrid Lindgrens Welt liegen die großen **Supermärkte.**

Übernachten

- Siehe auch Kapitel „Astrid Lindgrens Welt“.
- **Nybble Gård:** Lotta Bruse & Roland Hallgren, Nybble, 59832 Vimmerby, Tel. 0492/31344 oder 070/5791344, www.nybble.se (sehr ausführliche Homepage, die auf Schwedisch mit englischer Kurzfassung über Übernachtung, Aktivitäten, Tiere informiert), sechs verschieden große „Wandererheim“-Zimmer ab 500 SEK/Zimmer in der Hauptsaison; in Gehnähe zu Astrid Lindgrens Welt.
- **Pippis Sommarhotell:** Tallholmen, 59840 Vimmerby, Tel. 0492/12259, Fax 13709, www.pippishotel.se, einfache Vierbettzimmer (z.T. mit Lindgren-Motiven bemalt), in der Hauptsaison ab 595 SEK/Zimmer.
- In einem kleinen Weiler, der ebenfalls den Namen **Näs** trägt (s. auch Karte „Umgebung von Vimmerby“), wurden die Auktions-Szenen aus dem „Michel“ (im Buch heißt der Ort „Backhorva“) gedreht. Man findet ihn, wenn man von der Straße von Vimmerby nach Mariannelund links in Richtung Mossjön abbiegt und dann noch gutes Stück auf einem Feldweg weiterfährt. Das Gehöft ist klar zu identifizieren (Bild unten), und die derzeitigen Besitzer, eine Familie aus Deutschland, planen auf lange Sicht, aus den Gebäuden eine Art Kulturzentrum zu machen. Bislang kann man auf dem Gelände zwei Ferienhäuser mieten, die recht einfach, aber sehr geschmackvoll modernisiert und eingerichtet wurden. Informationen: Tel. 0711/4800679, www.sved-landa.com
- Bei der Suche nach weiteren Übernachtungsmöglichkeiten (z.B. Hotels und Ferienhäuser) ist das **Turistbyrå** wie alle anderen Informationsstellen gern behilflich.

Vimmerby

058bu Foto: ws

059bu Foto: sc

Lebendig gewordene Literatur

Astrid Lindgrens Welt

Astrid Lindgren schreibt:

„Vad jag tänker om Astrid Lindgrens Värld, det frågar man mej ofta, och det vill jag gärna berätta om. Jag har ju inte några ekonomiska intresser i företaget, men däremot ett glödande rent mänskligt intresse av att den här unika anläggningen får möjlighet att fortleva och vara till glädje för många. Det är en mycket hemtrevlig och vacker värld tycker jag."

„Was ich von Astrid Lindgrens Welt halte, werde ich oft gefragt, und das will ich gerne erzählen. Ich habe ja keine ökonomischen Interessen an dem Unternehmen, wohl aber ein glühendes, rein menschliches Interesse daran, dass diese einzigartige Anlage weiter bestehen kann und vielen Freude bereitet. Es ist eine sehr gemütliche und schöne Welt, denke ich."

Zitat aus einem Werbeprospekt

„Bara gör som jag tänker: Annars kommer jag och spökar. Och inte är det väl en gammal käring du vill ha i sängkammar'n om natten."

„Mach's ja so, wie ich es mir vorstelle: Sonst komme ich und spuke. Und du willst doch wohl nachts kein altes Weib im Schlafzimmer haben."

Astrid Lindgren zu einem der Verantwortlichen von Astrid Lindgrens Welt, nach Fellke u.a.: „Rebellen från Vimmerby"

060bu Foto: ws

Das Rathaus der kleinen, kleinen Stadt – mit einem kleinen, kleinen Besucher

Angesichts der langen Schlangen, des proppevollen Parkplatzes und der Warnschilder „Heute werden besonders viele Besucher erwartet" waren wir vor unserem ersten Besuch in Astrid Lindgrens Welt nahe dran umzukehren, um nie wiederzukommen. Wollten wir das wirklich? Uns gemeinsam mit einer riesigen Menschenmenge durch einen kommerziellen Freizeitpark schieben und Gefahr laufen, unser idyllisches Astrid-Lindgren-Bild zerstören zu lassen? Wir entschieden uns fürs Bleiben, da unsere Töchter nicht zur Umkehr bereit waren – und erlebten einen der schönsten Tage unseres Urlaubs. Kinder wie Erwachsene schwärmten noch monatelang von diesem Erlebnis, und unsere Begeisterung für Astrid Lindgren wuchs mehr und mehr: keine Spur von Enttäuschung.

Allerdings, dies sei als Ratschlag gleich zu Beginn mit auf den Weg gegeben, erfordert Astrid Lindgrens Welt eine gewisse **Vorbereitung.** Besucher, die gerade mal Pippi Langstrumpf und sonst nichts kennen, werden deutlich weniger Spaß haben. Denn hier sind sie alle vertreten: Michel, die Bullerbü-Häuser, Lottas Krachmacherstraße, Madita und Lisabet, Ronja Räubertochter, Karlsson vom Dach, Polly Patent (die auf Schwedisch Kajsa Kavat heißt) und viele, viele mehr. Wer seinen Kindern die Geschichten zumindest ein wenig erläutert, der eröffnet ihnen einen besseren Zugang auch zu Astrid Lindgrens Welt.

Ein anderer Tipp, der sich für uns als sehr hilfreich erwiesen hat: Es ist ratsam, viel Zeit wie auch **Essen und Trinken** mitzubringen. Astrid Lindgrens Welt ist ein enorm großer Freizeitpark mit unzähligen Spielmöglichkeiten. Ein Tag ist fast zu kurz, um sich wirklich einen Überblick zu verschaffen. Erfreulich wenig kommerziell ist dieser Freizeitpark auch, denn man stößt nicht alle paar Meter auf einen Verkaufsstand mit touristischen Nip-

061bu Foto: ws

Vorige Doppelseite: Gemeinsames Musizieren zum Tagesabschluss vor dem Gammelgården

Über den Streichelzoo hinweg blickt man auf Karlssons Domizil: Ein Miniaturausgabe von Stockholm mit kleiner Theaterbühne und etlichen Rutschbahnen

062bu Foto: ws

pes oder Snacks. Gewiss, man muss auch ohne Picknickkorb nicht verhungern, doch bei großem Andrang kann es schon passieren, dass nicht genügend Pommes da sind. Und so ziehen die meisten Schweden mit dem **Bollerwagen** durch dieses Paradies, die obligatorische Thermoskanne mit Kaffee und Zimtwecken immer dabei.

Der hohe Eintrittspreis allein genügt ja, um von belegten Broten statt „Köttbullar" (Fleischklößchen) im Restaurant zu träumen. Doch haben wir

Eigens für die Lotta-Filme gebaut: die große Krachmacherstraße

Auf der Nicht-den -Boden-berühren-Bahn haben Kinder wie Erwachsene ihren Spaß

es als sehr angenehm empfunden, dass man hier nicht, wie in vielen anderen Freizeitparks, auf Schritt und Tritt zum Geldausgeben animiert wird. Wer allerdings Andenken mit nach Hause nehmen möchte, hat in der **Großen Krachmacherstraße** reichlich Gelegenheit dazu. Hier steht auch Lottas Haus, das viele Kinder aus den Filmen von Johanna Hald kennen. Die gesamte Straße (bis hin zur Tankstelle des Ehepaars Blomgren) wurde für die Dreharbeiten gebaut und anschließend als Verkaufsmeile in die Einrichtung integriert.

Doch nun zurück zum Anfang unseres Rundganges. Nachdem wir die Kasse überraschend schnell passiert hatten (man hat den Eindruck, alles ist hervorragend organisiert), hielten wir uns links und blieben sehr schnell hängen: Hier gibt es unzählige Gelegenheiten zum Spielen. Während einige auf der großen Wiese zum ersten Mal die Thermoskanne öffneten, begannen wir zu spielen, *„und wir spielten und spielten und spielten, sodass es das reine Wunder ist, dass wir uns nicht totgespielt haben"*, wie es Astrid Lindgren im „Entschwundenen Land" beschrieben hat. Da gibt es die Wiese voll mit **Schaukelpferden,** da gibt es den **Steckenpferd- und Stelzenparcours,** große Bildtafeln mit Löchern in Kopfhöhe, mit deren Hilfe man sich für ein Erinnerungsfoto in Pippi, Michel und Klein-Ida oder Madita und Lisabet verwandeln kann. Das Schönste aber ist – für Erwachsene wie für Kinder – die lange **„Nicht-den-Boden-berühren-Bahn".** Über Zäune und Felsbrocken, über Baumstämme und einen kleinen Bach hangeln sich die Teilnehmer entlang und freuen sich lautstark, wenn sie das Ziel erreichen, ohne vom Zaun gefallen zu sein oder nasse Füße bekommen zu haben.

Linker Hand sehen wir ein kleines **Amphitheater.** Hier gibt es regelmäßig kleinere Theater- und Musikvorstellungen. Das hier früher beheimatete Puppentheater ist in die „Kleine Stadt" umgezogen. Auf der **„Lilla Scenen",** wie das Amphitheater heißt, erleben wir an einem Nachmittag, wie die Polizisten Kling und Klang aus den „Pippi"-Filmen von Fräulein Bock, der Haushälterin aus „Karlsson vom Dach", mit einem offensichtlich unge-

063bu Foto: ws

064bu Foto: ws

nießbaren Essen bewirtet werden – und im Bestreben, ihren Teller wohlerzogen zu leeren, Blumentöpfe und andere Gefäße heimlich mit dem grünlichen Brei füllen. Und Karlsson selbst natürlich, der auf der Bühne und zwischen den Zuschauern seine Späße treibt. Karlsson, Pippi und später Madita auf einer Bühne – geht das wirklich gut? Ja, in Astrid Lindgrens Welt ist das möglich, denn sowohl die Textzusammenstellung als auch die Schauspieler sind hervorragend. Auch wer nur wenig Schwedisch versteht, wird an diesen kurzen Auftritten seinen Spaß haben.

Unsere nächste Station war eine der Hauptattraktionen: **„Den lilla, lilla staden“** – „die kleine, kleine Stadt“. Dies ist **Vimmerby,** die Stadt, in der die Autorin aufgewachsen ist und die sie in vielen ihrer Bücher beschrieben hat. Die kleinen Häuser in Astrid Lindgrens Welt, die kleinen, engen Stra-

065bu Foto: ws

0066bu Foto: ws

ßen, das Stadthotel (in dem Alva aus „Madita" mit dem Schornsteinfeger tanzte) und das Rathaus: Hier hat man Vimmerby ohne Verkehrslärm, ohne Hinweise auf die Gegenwart und in einer Größe, die auch für die ganz Kleinen gut zu erfassen ist. In die meisten Häuser können die Besucher nur von außen hineinschauen, manche sind mit Mobiliar oder sogar mit Puppen bestückt. Unserer Großen gefiel vor allem das Haus des Bürgermeisters, in dem die vornehme Welt beim Schmaus sitzt und entsetzt beobachten muss, wie Michel auf seinem Pferd Lukas durch den herrschaftlichen Salon reitet.

Unsere Kleine dagegen verliebte sich in Pollys niedriges und strohgedecktes Häuschen, das im „Nachbardorf" steht und aus dem sie lange Zeit nicht herauszubekommen war.

Die drei Häuser von **Bullerbü,** unserem nächsten Ziel, sind ebenfalls begehbar, wenn auch mehr oder weniger leer. Wer in Sevedstorp (siehe Kapitel „Bullerbü") war, für den ist das kleine künstliche Dorf nicht ganz so interessant.

Die Hauptstraße der kleinen, kleinen Stadt, ein Nachbau von Vimmerbys Storgatan

Pippi in Aktion auf der Villa Kunterbunt

Besonders bei den jüngsten Besuchern beliebt: das Dorf von Polly Patent

067bu Foto: sc

Spannender wird es schon bei der **Villa Villekulla,** wie die Villa Kunterbunt im schwedischen Original heißt. Spannend vor allem durch die Schauspieler, die den ganzen Tag über immer mal wieder einzelne Szenen vorführen. Als wir uns zum ersten Mal der Villa Kunterbunt näherten, empfing uns Jazz-Musik: Eine Combo hatte die bekannten Filmmelodien neu bearbeitet, und auch die Darsteller sangen und swingten, dass es eine Freude war. Diese Schauspieler, die tagaus, tagein und mehrmals am Tag auftreten, vermitteln auch nach dem hundertsten Mal noch den Eindruck, dass es ihnen Spaß macht, Pippi, Madita oder Ronja zu spielen.

Vor der Mattisburg wird viel getanzt und gesungen

Der alte Glatzen-Per spielt in fast allen Szenen eine wichtige Rolle ...

... und in den Spielpausen mimt er den Taschendieb, zum Vergnügen der Besucher

Mehrmals am Tag treffen sich einige von ihnen auf der großen Bühne im **Heckenrosental** und führen eine Art Revue der Lindgren-Figuren auf: musikalisch gut gemacht, spannend auch für nichtschwedische Besucher, pfiffig und temperamentvoll. Speziell die Darstellerin der Pippi Langstrumpf hat uns fasziniert: Mit ungewöhnlicher Kraft und großem Engagement bewältigte sie ihre körperlich anstrengende Rolle – und hatte auch am Abend offensichtlich noch Freude daran.

Der jungen **Ronja** war dagegen am späten Nachmittag die Erschöpfung anzusehen, und dennoch: Tapfer beantwortete sie nach der Theatervorstellung die unzähligen Fragen der Kinder. Hier wie überall wurden die jungen Zuschauer ganz selbstverständlich ins Spiel mit einbezogen. Es gab kurze Szenen auf „Bühnen", doch danach waren Lovis und Mattis immer noch Lovis und Mattis und luden alle zum Singen und Tanzen ein. Und wenn Ronjas Vater dann eine Art „Ochs am Berg"-Spiel begann, so war es auch ganz selbstverständlich, dass die Kinder bald dazu gebracht wurden, es allein und ohne Erwachsene fortzusetzen. Theater wird in Astrid Lindgrens Welt nicht einfach konsumiert, sondern regt zum Selberspielen und zum Gespräch an.

In einer der Spielpausen machte sich **Glatzen-Per** zum Vergnügen der Umstehenden über unseren Bollerwagen mit der Kühltasche her. Während die Räuber auf uns einschwatzten, um uns abzulenken, betrachtete er verwirrt eine Mineralwasserflasche aus Kunststoff, schmierte sich neugierig unsere Sonnencreme auf die Nase und verspeiste genüsslich ein Fleischbällchen. Improvisationstheater vom Feinsten, das in den Zuschauern ebenfalls die Lust am Theaterspielen weckt.

Auch auf den Wegen zwischen den Stationen ist man nicht sicher vor schauspielerischen „Überfällen". Da läuft die **Prusseliese** hinter den Dieben Blom und Donner-Karlsson her

068bu Foto: sc

069bu Foto: sc

070bu Foto: sc

(Fräulein Prusselius ist Pippis Gegenspielerin aus den Olle-Hellbom-Filmen). Sie fragt alle Kinder, ob sie nicht Pippi gesehen hätten, denn sie möchte sie in ihr Waisenhaus aufnehmen. Und als sie einen jungen Vater erblickt, der über und über mit Tätowierungen bedeckt ist, fragt sie indigniert: *„Was ist los? Habt ihr kein Papier zu Hause, dass du auf deiner Haut malen musst?"*

071bu Foto: sc

Der Waisenjunge **Rasmus** und sein Freund, der **Landstreicher Oskar,** kommen auf ihrer Wanderung vorbei und machen Halt, um eines ihrer Lieder zum Besten zu geben. Dort drüben hängt eine Frau ihre Wäsche auf. Wir rätseln, aus welcher Geschichte sie wohl stammt, bis wir merken, dass es Martina ist, Oskars Frau, die ihre Freude über sein Heimkommen hinter einer großen Schimpftirade verbirgt.

Astrid Lindgrens Welt lebt durch die Schauspieler; das Versprechen, „Hier

werden Geschichten Wirklichkeit", wird eingelöst. Doch auch die idyllischen kleinen Häuschen von Lotta, Polly, Nils Karlsson-Däumling oder die Brücke, an der sich die Brüder Löwenherz treffen, wirken auf die großen wie die kleinen Besucher anrührend.

Mit einem dieser kleinen Häuschen hat alles begonnen: Drei junge Männer aus Vimmerby, Tommy Isacsson, Rein Soowik und Per Jalminger, kauften einen alten Schuppen und das dazugehörige Gelände auf, um Michels Katthult in kleinem Format aufzubauen. Höflich fragten sie bei Astrid Lindgren um Erlaubnis, und mit ihrer Zustimmung wurde im Sommer 1981 mit dem Bau begonnen. Das **„Projekt Bullerbü"**, wie es anfangs hieß, stieß bei Naturschützern in Vimmerby auf Widerstand, Astric Lindgren jedoch gefielen die jungen Freizeitschreiner, die ihren eigenen und fremden Kindern Gelegenheit zum Spielen geben

Rasmus und der Landstreicher Oskar lernen sich am Heuschober kennen

Wer den Oskar spielen will, muss nicht nur singen sondern auch die Quetschkommode bedienen können

An Nils Karlsson-Däumlings Gartentisch wirken auch Erwachsene ziemlich klein

073bu Foto: ws

wollten. Jedes Jahr sollte ein neues Buch vertreten sein, und so wuchs die Einrichtung recht schnell. Das Interesse war groß, bereits im ersten Sommer kamen etwa 10.000 Besucher. Heute gibt es in der „kleinen, kleinen Stadt" und in „Katthult" vereinzelt noch Gebäude aus dieser Anfangszeit, das meiste ist aber neu gebaut.

Sophia aus dem Kirschtal füttert ihre Tauben; im Hintergrund die Brücke, an der sich die Brüder Löwenherz treffen

Wenn Alfred zur Gitarre singt, scharen sich alle um den Gartentisch

Einer von Michels vergeblichen Versuchen, Linas Zahn zu ziehen

Wir landen am Nachmittag in **Katthult,** als eine Vorstellung gerade beendet ist. Alfred, Lina, Anton und Alma versammeln sich um einen Kaffeetisch im Garten. Gemütlich sitzen sie da, von den Besucherkindern umringt, mit den ganz Kleinen auf dem Schoß. Alfred nimmt die Gitarre und fängt an zu spielen. *„Was wünscht ihr euch für Lieder? Ich kann sie alle",* sagt er, und auch die schwedischen Kinder kennen sie alle. Idas Sommerlied, Michels Lobgesänge auf seinen Tischlerschuppen oder sein Pferd Lukas, Linas Klagegesang und Alfreds Lied vom armen Bauernknecht: Alles wird zur Gitarre gesungen, und Kinder wie Erwachsene

074bu Foto: sc

075bu Foto: sc

umringen den alten Holztisch und rühren sich nicht von der Stelle. Michel und Ida machen derweil Beerensaft und matschen mit Begeisterung in den frischen roten Früchten, um sich später unter der altmodischen Pumpe die Hände zu waschen. Lebendiges Theater, das für uns sogar noch schöner ist als die kurze Szene, die wir später noch „offiziell" zu sehen bekommen.

Eine Station weiter in **Junibacken** (Birkenlund) ein ähnlich herzerfrischendes Bild: Lisabet und Madita spielen „Moses im Schilf". Der August-Nachmittag ist ziemlich heiß gewesen, und die Darstellerin der Lisabet lässt sich, als ihre Rolle es erfordert, sichtlich begeistert ins Wasser fallen. Später untersucht eine vierjährige Besucherin den großen Waschzuber, der noch auf dem Teich schwimmt, klettert kurzerhand hinein und lässt sich genüsslich über das flache Wasser treiben.

Viele solcher Szenen haben wir erlebt, viele der Lieder sind uns im Gedächtnis geblieben, und beim Lesen der Bücher vermischt sich nun von Zeit zu Zeit eines der Gesichter mit den Illustrationen von Ilon Wikland oder Björn Berg. Wir empfinden Astrid Lindgrens Welt als Bereicherung, ebenso wie die Verfilmungen, die nie den Spaß am Lesen genommen, sondern immer nur verstärkt haben.

Was Astrid Lindgren selbst über die Einrichtung gedacht hat, kann man dem eingangs zitierten Werbeprospekt entnehmen. Alle Gespräche, die wir mit Vertrauten, Verwandten und

076bu Foto: ws

Freunden der Autorin führten, bestätigten diese positive Haltung. Sie selbst war immer sehr vorsichtig mit wertenden Äußerungen, sei es über Filme, sei es über Freizeiteinrichtungen. Dennoch kann man wohl davon ausgehen, dass Astrid Lindgrens Welt, wie es sich heute darstellt, ihre Billigung finden würde. Das liegt nicht zuletzt daran, dass sie selbst mit ihrer Persönlichkeit und ihrem Talent, sich traumwandlerisch sicher mit besonders fähigen Mitarbeitern und Interpreten zu umgeben, dafür gesorgt hat, dass kein Schindluder mit ihren Werken getrieben wird.

„Meiner Mutter war vor allem wichtig, dass die Kinder dort spielen können“, sagt ihre Tochter Karin Nyman, die uns in ihrem Ferienhaus auf Furusund von den **Anfängen** erzählt. Was heute ein riesiger Freizeitpark ist, begann mit drei kleinen Häusern, in denen die Kinder der Besitzer, aber auch andere Kinder kostenlos spielen durften. *„Diese jungen Leute hatten Spaß am Häuschenbauen“,* meint Karin Nyman. Anfangs war der Besuch kostenlos, es wurde lediglich eine Parkplatzgebühr erhoben. Die Autorin selbst hat immer betont, dass sie finanziell nicht an dem Park beteiligt ist, und sie wollte lange Zeit, dass es die Kinder nicht mehr koste als ein bisschen Geld für ein Würstchen. Doch die Einrichtung, in die ihre Gründer viel Zeit und Arbeit investiert hatten, wuchs schnell – sie wuchs den Initiatoren über den Kopf.

Also wurde das Gelände an eine große Baufirma verkauft, und die drei jungen Männer und ihre Familien gingen zum Teil als Angestellte weiterhin ihrem Hobby nach. Die Erweiterungspläne in dieser Zeit bereiteten Astrid Lindgren allerdings etwas Sorge. Es schien ihr nicht nur zu groß, sondern auch zu kommerziell zu werden. *„Die Baufirma ging dann Konkurs. Das war eigentlich ganz gut“,* meint Karin Nyman vorsichtig und – ihrer Mutter in dieser Hinsicht sehr ähnlich – ein we-

077bu Foto: ws

Umringt von vielen kleinen Zuschauern spielen Madita und Lisabet „Moses im Schilf“

Madita und Lisabet mit Alva beim Nachmittagskaffee in Junibacken

A. Lingrens Värld

078bu Foto: sc

nig amüsiert. *„Schließlich hat die Kommune Vimmerby die Einrichtung übernommen, weil man einsah, dass es nicht schlau sei, wenn alles in fremde Hände käme."*

1994 übernahm Joakim Karlén die Leitung, der in den nächsten zehn Jahren dafür sorgte, dass Astrid Lindgrens Welt ein Freizeitpark der besonderen Art wurde. Um aber Gewissheit zu haben, dass hier nicht im Namen der Autorin Schindluder getrieben wird, wurde ein **Programmrat** installiert. Neben Tochter Karin Nyman sind noch Barbro Alvtegen, eine Nichte Astrid Lindgrens, die Freundin und Verlegerin Marianne Eriksson, die Journalistin Margareta Strömstedt und nicht zuletzt Lena Törnqvist im Programmrat vertreten. Lena Törnqvist, langjährige Bibliothekarin im Schwedischen Kinderbuchinstitut, ist als Verwalterin des Nachlasses eine ausgewiesene Lindgren-Spezialistin.

Mit diesem Programmrat, der in der Presse auch als **„Rat der weisen Frauen"** bezeichnet wurde, habe Astrid Lindgren ganz gut die Notbremse gezogen, meint die energische Literaturforscherin bei einem Gespräch in der Königlichen Bibliothek in Stockholm. Sie ist zurzeit und wohl auch die kommenden Jahre damit beschäftigt, den umfangreichen Nachlass der Autorin zu sichten. *„Ich weiß, dass wir noch ganz anders genannt wurden als ‚weise Frauen', nämlich dann, wenn wir beschwerlich wurden"*, sagt sie und lacht dazu. Sie und ihre Kolleginnen im Rat kennen Astrid Lindgren sehr gut und wissen immer zu beurteilen, welche Neuerungen in ihrem Sinne sind und welche nicht. *„Der Programmrat kann verbieten, aber er kann ebenso die Initiative ergreifen, um Vorschläge zu machen"*, betont auch Karin Nyman. So mischen sich die „weisen Frauen" durchaus ein, zum Beispiel wenn es um die Gestaltung des Erinnerungsplatzes auf dem Gelände von Astrid Lindgrens Welt geht.

Im Frühjahr 2004 wurde das von dem 1933 geborenen Gotländer Göran Wärff geschaffene **Glaskunstwerk** eingeweiht. Es befindet sich auf dem Gelände zwischen dem neu eingerichteten „Saltkrokan" und dem übrigen Vergnügungspark und besteht aus Glas, Granit und Holz. Vor einer Wand aus blau leuchtenden Glasele-

menten stehen einige Granitsteine, auf denen sich die Besucher niederlassen oder die Kinder klettern können. Herzstück ist ein Kopf aus Glas mit den Zügen Astrid Lindgrens, der den einhelligen Beifall der Familie gefunden hat.

Seit dem Jubiläumsjahr ist der Platz noch um ein weiteres Denkmal erweitert: ein riesiges, aufgeschlagenes **Buch aus Holz,** beschrieben mit kurzen Zitaten. Von Zeit zu Zeit lesen hier Schauspieler noch weitere Textstellen vor – und die Zuhörer dürfen raten, um welches Werk es sich jeweils handelt. Die Gewinner erhalten als Prämie dann ein Buch.

Das große Gebäude dahinter, am Rand des Parks, beherbergte früher eine sehr gute Ausstellung zu Leben und Werk Astrid Lindgrens, die – aus unserer Sicht leider – von der neu konzipierten Dauerausstellung in Näs abgelöst wurde (siehe Kapitel „Näs“).

Seit 2007 gibt es hier eine neue Attraktion, die etwas aus dem Rahmen fällt: **„Saltkrokan“.** *„Für uns war dies die Möglichkeit, über den Sommer hinaus attraktiv für Besucher zu bleiben“,* berichtet Nils-Magnus Angantyr, Marketingleiter von ALV. Während im

Das gläserne Porträt von Göran Wärff wurde im Frühjahr 2004 eingeweiht

Das Buch aus Holz mit den Zitaten aus Astrid Lindgrens Werken

080bu Foto: sc

Herbst und im Winter die Schauspieler ihre wohlverdiente Pause haben, besteht hier die Gelegenheit, auch bei schlechtem Wetter auf den Spuren der Autorin zu wandeln – zumindest an den Wochenenden. Astrid Lindgren selbst hatte sich immer dagegen gewehrt, Saltkrokan in Astrid Lindgrens Welt einzurichten, aber zu ihrer Zeit ging es um einen großen See mit sehr viel mehr Attraktionen. Die jetzigen Verantwortlichen sind deutlich behutsamer vorgegangen und hatten so die Zustimmung der Familie.

Bereits in der Warteschlange, die an einem kleinen Wasserbassin vorbeiführt, wird man in Sommerfrische-Stimmung versetzt: Die Luft riecht plötzlich nach Meer, Möwen schreien und von ferne tönt das Horn eines Dampfers. Und dann steigen die Besucher in kleine Wagen, die an mit lebensgroßen Puppen nachgestellten Szenen vorbeifahren.

„Zur Vorbereitung haben wir in unserem Newsletter nachgefragt, welche Szenen aus den Saltkrokan-Filmen dem Publikum in der Erinnerung am wichtigsten sind“, erzählt Nils-Magnus Angantyr. Aus den rund 7000 Antworten wurden die 30 beliebtesten Szenen ausgewählt, und 19 von ihnen wurden mit beweglichen Puppen nachgestellt. Diese sind zwar auf dem letzten Stand der Technik, aus unserer Sicht aber nicht wirklich schön; ansonsten sind die Szenen jedoch gut getroffen. *„Man blättert ein bisschen in Malins Tage-*

buch, ohne chronologische Ordnung", erläutert Nils-Magnus weiter. Und als Sprecherin konnten die Verantwortlichen Louise Edlind-Friberg gewinnen, die in den Filmen die Malin verkörperte. Sie spricht die schwedische wie auch die deutsche und englische Version. Die Puppen dagegen „können nur schwedisch".

Als wir uns von „Saltkrokan" aus erneut dem Park zuwenden, begegnen wir wieder einmal **Karlsson,** der mit Fräulein Bock Schabernack treibt und freche Bemerkungen mit den Kindern austauscht, die ihn umringen. *„Wir halten stets die Illusion aufrecht, sodass alles immer echt ist"*, sagt uns dazu Mikael Ahlerup, seit 2004 als geschäftsführender Direktor Nachfolger von Joakim Karlén. Ja, Fräulein Prusselius, die Polizisten Kling und Klang, Pippi und alle ihre Kollegen, die den Tag über im Park umherstreifen, bleiben immer in ihrer Rolle.

Lediglich in der Vorsaison kann es den Besuchern passieren, dass sie in eine der **Proben** für die Hauptsaison hineinplatzen. Da spielen dann die

Familie Melcherson beim Abendessen im Schreinerhaus

Skrållan, die Tochter Malins, kommt nur in den Filmen vor, nicht im Buch „Ferien auf Saltkrokan"

Darsteller von Michels Mama Alma und Vater Anton in Katthult wieder und wieder eine Szene, bis sie vor Lachen fast nicht mehr können. Auf der großen Bühne wird eine Revue einstudiert, und in der Mattisburg machen sich die jungen Darsteller von Ronja und Birk mit ihrer Rolle vertraut.

Etwa hundert Schauspielerinnen und **Schauspieler** sind hier in der Hauptsaison im Einsatz, darunter auch Kinder. *„Bis auf die Pippi, eine körperlich sehr anstrengende Rolle, werden alle Kinderrollen auch mit Kindern besetzt"*, sagt Mikael Ahlerup: Insgesamt 22 Acht- bis Sechzehnjährige sind dabei. Etliche Rollen sind doppelt besetzt, denn niemand kann diese anstrengende Arbeit sieben Tage die Woche von morgens bis abends durchhalten. Doch das fällt eigentlich nur den Stammgästen auf, für die anderen ist Pippi ganz einfach Pippi.

Jedes Jahr gibt es über 300 Bewerbungen für die wenigen Rollen, die neu besetzt werden müssen: Für die Schauspieler macht es sich gut im Lebenslauf, wenn sie als Sommer-Job Astrid Lindgrens Welt angeben können, und so mancher ist danach noch geblieben. So war zum Beispiel Kristina Ruhnström, eine Großnichte Astrid Lindgrens, die früher hier die Lina spielte, später für die Qualität der Musik zuständig.

Beim **Auswahlverfahren** – es gibt zwei Vorsprech-Termine in Stockholm und in Göteborg – wird vor allem nach einem speziellen Typ gesucht. *„Kling und Klang oder Kapitän Langstrumpf müssen groß sein, die Pippi eher klein“,* meint Mikael Ahlerup. Bei Karlsson könne man ja mit dem Kostüm nachhelfen, aber es sei schon gut, wenn der Darsteller von vornherein ein bisschen pummelig sei. Und was Pippi betrifft, so sei es die Haltung, die zählt: *„Wenn du ihr auf der Straße begegnen würdest, würdest du wissen: Dies ist eine Pippi“,* sagt der Direktor.

Aus ganz Schweden kommen alljährlich die Bewerbungen. Nur die **Kinderdarsteller,** das war ein spezieller Wunsch von Astrid Lindgren, sollen in Vimmerby leben. *„Die Eltern müssen ja den ganzen Sommer über auch hier sein und ihre Kinder unterstützen“,* meint Mikael Ahlerup: Bei der nicht geringen Anstrengung kann es schon mal Müdigkeitstränen geben. Doch Bewerber gibt es genug, und die Vimmerbyer Kinder sind schon vom Schulunterricht her mit den Theaterstücken Astrid Lindgrens vertraut: Jedes Jahr steht ein anderes Buch auf dem Lehrplan, und fast überall gibt es kleine Theateraufführungen oder Liedernachmittage mit Schülern. In Astrid Lindgrens Welt gibt es von Mitte Mai an jeden Nachmittag Proben, und in der Hauptsaison dauert ein Arbeitstag von 8.30 Uhr bis 17 Uhr. Aber die Kinder haben offensichtlich so großen Spaß an ihren Auftritten, dass sie den Sommer in Astrid Lindgrens Welt auch genießen. **Mikael Ahlerup** nennt das den „theatrical monkey“, den Hang zum Schauspielern und die Fähigkeit zum Improvisieren bei jeder Gelegenheit, der diese Kinder auszeichnet.

Er selbst hat sich sehr gründlich auf seinen neuen Job vorbereitet: Im Sommer vor seinem Amtsantritt hat er den Park 13-mal besucht, und zwar als Tourist. *„Ich habe mich in der Schlange angestellt, um meine Eintrittskarte zu kaufen, ich war auf den Toiletten, ich habe Kaffee getrunken und die Restaurants besucht. Mal mit, mal ohne Familie. Es war sehr interessant und lehrreich“,* erzählt Ahlerup.

Mit dem neuen Leiter steht ein Mann an der Spitze des Unternehmens, der seinen sehr persönlichen Führungsstil (*„Ich bemühe mich, alle mit Namen zu kennen“*) mit der Aufforderung an alle Mitarbeiter verbindet, sich für das Ganze verantwortlich zu fühlen. Das bedeutet für ihn Hilfsbereitschaft und Mitmenschlichkeit, wie er sie aus Astrid Lindgrens Büchern herausliest. Das bedeutet im Kleinen auch, dass der Geschäftsführer genauso wie die Pommes-Verkäuferin den Müll aufhebt, der am Wegrand liegt.

„Es hat sich in den vergangenen zehn Jahren viel verändert, es gab neue Häuser, neue Attraktionen“, sagt der neue Chef, *„aber wir haben den roten Faden verloren: wirklich Astrid Lindgrens Welt zu sein.“* Sein Wunsch ist, dass auch die Service-Kräfte die zur jeweiligen

Fräulein Bock setzt sich tatkräftig gegen Karlssons Späße zur Wehr

083bu Foto: ws

Zeit passenden Kostüme tragen und sich als Teil des Schauspieler-Ensembles fühlen. Er wünscht sich eine Lina, die umhergeht und den Kindern im Restaurant sagt, sie sollen ihren Teller leer essen, sonst gibt es keinen Nachtisch. Gerade so, als befände sie sich wirklich in Katthults Küche. Das kann nicht jeder, und deshalb mussten die Bewerber für die Läden und Restaurants auch schon ein Stück aus einem Astrid-Lindgren-Buch vorlesen - ein Test, der vielleicht mehr über die Haltung der Menschen aussagt als alle Zeugnisse.

Doch Mikael Ahlerup möchte noch darüber hinausgehen. Aus den Läden möchte er alles verbannen, was „nicht echt" ist: Keine Pippi-Figur aus dem Trickfilm, sondern nur noch die der Illustratorin Ingrid Vang Nyman. *„Wir sollten auch selbst gemachte Marmelade anbieten, denn Astrid Lindgren hat immer ihre eigene Marmelade gemacht"*, sagt er. Allerdings ist der Vater dreier Kinder in Ernährungsfragen nachgiebig: *„Ich persönlich hätte kein Problem damit, nur Saft und Fleischklößchen anzubieten"*, meint er, ein Freizeitpark ohne Pommes und Cola sei jedoch nicht realistisch.

„Wir versuchen aber, diskret zu sein", betont Mikael Ahlerup, und wirklich: Es gibt keine Werbetafeln, keine Papierkörbe mit dem Logo einer Eisfirma, und sogar auf den Kaffeebechern steht lediglich das Wort „Kaffee". *„In Astrid Lindgrens Welt gibt es keine Reklame"*, sagt der neue Chef kategorisch, *„und wenn wir deshalb eigene Kaffeebecher bezahlen müssen, dann ist das so."*

Astrid Lindgrens Welt ist durchaus **einzigartig** unter den vielen, vielen Freizeitparks weltweit, die Familien anlocken. Damit dies auch so bleibt, ist eine gewisse Kontrolle nötig, und das ist auch der Grund, warum die Familie Lindgren nie zugestimmt hat, etwas Ähnliches in Deutschland zu machen.

„Wir haben oft Anfragen dazu", sagt Verlegerin Silke Weitendorf vom Hamburger Oetinger Verlag. Die enge Verbundenheit des deutschen Verlages mit der schwedischen Autorin ist auch nach ihrem Tod noch deutlich spürbar, und es heißt in Hamburg ganz klar: *„Mit uns wird es kein zweites Astrid Lindgrens Welt geben."*

Eine Plakatwand am Eingang des Parks: Hier können die Besucher Michel und Klein-Ida spielen

Praktische Hinweise

Information

- **Astrid Lindgrens Värld,** 59885 Vimmerby, Tel. 0492/79800 bzw 0492/79811 (Rezeption Campingplatz), www.alv.se (ausführliche Website, auch deutschsprachig).

Anfahrt

- Astrid Lindgrens Värld liegt von Vimmerbys Zentrum etwa 15 Gehminuten entfernt, hat einen großen Parkplatz und ist für **Fußgänger** wie **Autofahrer** bestens ausgeschildert.
- Am eigenen **Bahnhof** halten in der Hauptsaison mehrmals täglich Regionalzüge.

Öffnungszeiten

- Mitte Mai bis Anfang Juni (VS) 10–17 Uhr, Anfang Juni bis Ende August (HS) 10–18 Uhr. Das übrige Jahr (NS) ist Gelände, Kino und Saltkrokan tägl. 11–16 Uhr geöffnet, aber es gibt keine Schauspielvorführungen. Es lohnt sich, früh zu kommen, ein Tag vergeht wie im Flug.

Eintritt

Die Preise (in SEK) beinhalten alle Vergnügungen und Darbietungen.

- **Erwachsene:** 1 Tag 165 (VS), 275 (HS), 75 (NS); 2 Tage 240 (VS), 395 (HS), 695/475 (Saisonkarte/Frühbucher)
- **Kinder (3–12 J.):** 1 Tag 125 (VS), 165 (HS), 50 (NS); 2 Tage 180 (VS), 230 (HS) 450/195 (Saisonkarte/Frühbucher); Geburtstagskinder haben freien Eintritt.
- Ermäßigungen für **Rentner** und **Familien** ab 1 Ew. + 3 Kinder. Details findet man auf der Website.
- **Parken** kostet pro Tag 30 SEK, über Nacht + Tag 130 SEK
- **Bollerwagenmiete** für einen Tag 20 SEK

Essen

- Es gibt mehrere **Restaurants** (mit småländischer Küche), **Cafés** und **Kioske.**
- Mitgebrachtes Essen zu verzehren ist auch erlaubt, es gibt zahlreiche **Picknickplätze** und auch Brunnen mit Trinkwasser.

Einkaufen

- In der großen „Krachmacherstraße" findet man neben **Post** und **Souvenirläden** auch eine **Buchhandlung** mit großer Auswahl an Astrid-Lindgren-Büchern, -Kassetten, -CDs und -DVDs, nicht nur auf Schwedisch.

Übernachten

- Astrid Lindgrens Welt betreibt einen eigenen großen **Campingplatz mit Hütten** in direkter Nachbarschaft. Anschrift und Information wie oben angegeben. Übernachtung in der Hauptsaison von 155 SEK (Zeltplatz) bis 1595 SEK (Hütte mit Dusche/WC für 5–6 Personen). Man kann Übernachtung und Eintritt zusammen günstiger buchen (Details siehe Website).
- Wer **mit Frühstück** bucht, bekommt das direkt in „Linas Kök" in Astrid Lindgrens Welt und spart sich dadurch u. U. langes Anstehen.
- **Weitere Übernachtungsmöglichkeiten** siehe Kapitel „Vimmerby".

Die drei Höfe von Bullerbü

Sevedstorp

Astrid Lindgren schreibt:

„Wir wohnen auf einem Hof, der Mittelhof heißt. Er heißt so, weil er zwischen zwei anderen Höfen liegt. Die anderen Höfe heißen Nordhof und Südhof. Alle drei Höfe liegen in einer Reihe. (...) Auf dem Südhof wohnt ein Junge, der heißt Ole. Er hat gar keine Geschwister. Aber er spielt mit Lasse und Bosse. Er ist acht Jahre alt und kann auch schnell rennen. Aber auf dem Nordhof wohnen Mädchen. Zwei Mädchen. Ein Glück, dass sie nicht auch Jungen sind! Sie heißen Britta und Inga. Britta ist neun Jahre alt und Inga ist genauso alt wie ich. Ich mag sie beide gleich gern. Nein, vielleicht mag ich Inga ein ganz klein bisschen lieber als Britta. Mehr Kinder gibt es nicht in Bullerbü. So heißt nämlich das Dorf. Es ist ein sehr kleines Dorf. Da sind nur die drei Höfe: der Nordhof, der Mittelhof und der Südhof. Und nur sechs Kinder: Lasse und Bosse und ich und Ole und Britta und Inga."

Aus „Die Kinder aus Bullerbü"

085bu Foto: ws

Nord- und Mittelhof von der großen Feuerleiter aus gesehen

„Heute machen wir einen Ausflug, und wir erzählen euch nicht, wohin wir fahren“, verkünden wir unseren Töchtern, zu der Zeit drei und sechs Jahre alt. Wir sind gespannt, wie lange sie brauchen, um den Ort zu erkennen. Die kurze Autofahrt nach **Sevedstorp,** bei strahlendem Sommerhimmel, leichtem Wind und weißen Wölkchen über uns, entlang an frisch gemähten Wiesen, versetzt uns in fröhliche Ferienstimmung. Der Parkplatz vor dem „Dorf“ ist eine Wiese. Der junge Mann, der das Geld entgegennimmt, grinst uns freundlich an. Und dann stehen wir auf dem kleinen Hügel oberhalb der drei Häuser, ochsenblutrot und von gemütlichen Gärten umgeben. „Das ist **Bullerbü“,** ist unseren Töchtern sofort klar, denn so und nur so kann Schwedens bekanntestes Dorf aussehen.

Doch ganz richtig ist das nicht, denn Bullerbü gibt es eigentlich nur im Buch. Hier aber sind wir in Sevedstorp, und das ist für die Geschichten Astrid Lindgrens von besonderer Bedeutung. Hier im Mittelhof ist ihr **Vater Samuel August Eriksson** aufgewachsen, dessen Berichte aus seiner Jugend in die Michel-Streiche eingeflossen sind. Mit ihrer Erzählung für Erwachsene, „Samuel August von Sevedstorp und Hanna in Hult“ („Das entschwundene Land“) hat sie ihm ein anrührendes Denkmal gesetzt. In unserem Kapitel „Kindheit im Entschwundenen Land – das Geburtshaus in Näs bei Vimmerby“ kann man mehr zur Familiengeschichte erfahren.

Vorige Doppelseite: Wer sich an die Lasse-Hallström-Filme von Bullerbü erinnert, wird den Weg vor den drei Höfen sofort wieder erkennen

086bu Foto: ws

Auch in Sevedstorp gibt es eine Art Limonadenbaum

In Sevedstorp vermischen sich gelebtes Leben, Erzählungen und Filme auf wunderbare Weise, denn hier hat Lasse Hallström Mitte der 1980er Jahre seine **Bullerbü-Verfilmungen** gedreht. Heute tummeln sich zwischen Nord-, Mittel- und Südhof die Besucher, schwedische sowie Touristen aller Herren Länder, um zu sehen, ob ihre Vorstellung von Bullerbü der Wirklichkeit entspricht.

Natürlich sind unsere Kinder zunächst enttäuscht, dass die Häuser nicht von innen zu besichtigen sind, aber sie begreifen rasch, wie schön es ist, dass Bullerbü heute kein Museum

087bu Foto: sc

ist, sondern ein lebendiger Ort. Hier gibt es **Tiere** zum Streicheln, für ein paar Kronen setzen junge Mädchen die Kleinen auf Ponys und drehen mit ihnen eine Runde, die hohe **Schaukel** ist fast ständig besetzt. Dicht daneben steht sogar ein **Limonadenbaum,** der eigentlich zu einem ganz anderen Buch gehört, nämlich zu Pippi. Aber hohle Bäume, in denen die Kinder Verstecken spielen, gibt es fast überall, wo man auf Astrid Lindgrens Spuren wandelt, und das kann nicht von Tourismusmanagern erdacht sein.

Zwar sind die **Häuser** nicht von innen zu besichtigen, den Südhof aber kann man als Ferienhaus mieten. Allerdings muss man dann in Kauf nehmen,

088bu Foto: ws

089bu Foto: ws

tagtäglich von neugierigen Besuchern umringt zu sein. Das gemütliche Kaffeetrinken im Garten findet sozusagen auf dem Präsentierteller statt. Der Garten des Mittelhofes dagegen steht allen Besuchern offen, denn in einem kleinen Schuppen hinter dem Haus ist ein Antiquitätenhandel mit viel Trödelkram eingerichtet.

Besonderen Spaß macht vielen Kindern der kleine **Heuschober,** in dem sie mit ihren Eltern um die Wette springen oder sich einfach ins duftende Heu fallen lassen können. Wer hat zu so einem Zeitvertreib heute noch Gelegenheit? Und hinterher, im zum **Café** umgebauten Stall, schmecken die Waffeln mit Marmelade und der schwedische Kaffee besonders gut. Hier paaren sich Sinn für Geschäft und Gemütlichkeit aufs Trefflichste. Das Café, mit einem angrenzenden Kinderkleiderladen verbunden, ist mit Holztischen und alten Schulmöbeln

Auch die heutigen Lasses und Lisas lieben es, ins Heu zu springen

Wer ins Heu herunterspringen möchte, muss diese Stiege hinaufklettern

Der Pavillon vor der Scheune mit dem Café Sörgården

heimelig eingerichtet. Wer will, kann sich in die schwedische Version vom „Entschwundenen Land“ oder in eine Astrid-Lindgren-Biografie vertiefen, während er darauf wartet, dass seine Waffeln ausgerufen werden.

Natürlich fehlt auch der **Andenkenladen** (oberhalb der Wiese) nicht, in dem man schöne und kitschige Dinge nebeneinander finden kann. All das wird auf schwedisch unaufdringliche Art angeboten.

Wir hatten in einem Sommer sogar das Glück, an einem **Fest** teilzunehmen, mit Trödelmarkt, Tombola und alten Männern, die etwas schief und schräg „Lili Marleen“ spielten. Und da die Feuerwehr die große Leiter ausgefahren hatte und geduldig Fuhre um Fuhre in die Höhe beförderte, konnten wir Bullerbü sogar von oben besichtigen.

Neben dem Andenkenladen war eine kleine Bühne aufgebaut, und eine Gruppe von Schülerinnen und Schülern versuchte sich an den **Astrid-Lindgren-Liedern,** die in Småland offenbar jeder kennt. In Deutschland ist nur wenigen bekannt, dass Astrid Lindgren, die selber gerne und oft gesungen hat, all ihre Liedtexte auch selbst geschrieben hat. Wir kennen die Musik hauptsächlich von den Verfilmungen, in Schweden werden sie oft in der Schule gesungen. Vor allem die von Georg Riedel vertonten Emil-(Michel-)Lieder sind so etwas wie Allgemeingut geworden. Auch die Bullerbü-Lieder und zum Großteil die Pippi-Lieder stammen aus der Feder von Georg Riedel, einem in Tschechien geborenen Jazzmusiker mit Wohnsitz in Schweden, der aus unserer Sicht unnachahmlich den richtigen Ton getroffen hat.

090bu Foto: ws

Unser Sommerfest in Sevedstorp hatte in all seinem Treiben etwas Gemütliches, Heimeliges: Hier kamen Nachbarn zu einem Fest zusammen, die sich viel zu sagen hatten, und nie-

mand nahm übermäßig Notiz von den unvermeidlichen Touristen.

Neben Lasse Hallströms Bullerbü-Verfilmungen gibt es im Übrigen noch die ältere, 1961 in **Schwarz-weiß gedrehte Version** von Olle Hellbom. Der 1982 gestorbene Regisseur war Astrid Lindgrens persönlicher Favorit unter den zahlreichen Filmemachern, die sich mit ihren Büchern beschäftigt haben. Sein Bullerbü liegt etwa 50 Kilometer nördlich von Stockholm, in Norrtälje. *„Man findet sich aber nicht*

Von links nach rechts:
Nord-, Mittel- und Südhof

091bu Foto: ws

mehr zurecht, wenn man nach Schauplätzen der alten Verfilmung sucht", erzählt uns **Waldemar Bergendahl,** Produktionsleiter bei Svensk Filmindustri in Stockholm. Er hat sich sein ganzes Berufsleben lang mit Astrid Lindgren und der Verwandlung ihrer Bücher in Filme beschäftigt und weiß noch heute, wo welcher Film gedreht wurde. So entstanden zahlreiche Buchverfilmungen und Dokumentationen, die heute noch immer wieder im Fernsehen oder in den Kinos zu sehen sind. Klassiker wie Michel, Saltkrokan, Pippi Langstrumpf oder Madita sind ebenso darunter wie der Karlsson-Zeichentrickfilm nach den Zeichnungen von Ilon Wikland.

Beim Sommerfest herrscht in Bullerbü reges Treiben

Früher warteten die Milchkannen hier auf das Molkereiauto, heute dienen sie nur noch zur Dekoration

In Lasse Hallströms Filmen aus den 1980er Jahren kann man Sevedstorp übrigens gut wiedererkennen. Für Waldemar Bergendahl aber ist die erste Bullerbü-Verfilmung durch Olle Hellbom, die 1954 bis 1960 entstanden ist, einzigartig. *„Es war eigentlich ein Kinderfilm, wie es noch keinen zuvor gab"*, sagt er. Für uns, die wir mit den deutschen Übersetzungen der

092bu Foto: ws

Bullerbü-Bücher groß geworden sind, löst der Filmproduzent in Stockholm nebenbei noch ein Rätsel: Warum, so haben wir uns immer gefragt, heißt Inga im Film eigentlich Anna? Ganz einfach, lautet die Antwort: weil sie im schwedischen Original auch Anna heißt.

Praktische Hinweise

Information

- **Vimmerby Turistbyrå:** Rådhuset 1, 59837 Vimmerby, Tel. 0492/31010, www.vimmerbyturistbyra.se (auch deutschsprachig)
- **Veranstaltungen:** sind über das Turistbyrå zu erfragen, werden aber auch in der Umgebung plakatiert.

Anfahrt

- Von Vimmerby auf der Straße 33 nach Westen Richtung Mariannelund/Jönköping. Nach ca. 10 km links nach Pelarne (1 km) und weiter bis Sevedstorp/Bullerby (4 km).

Öffnungszeiten

- Das Dorf selbst ist das ganze Jahr über zugänglich.

Eintritt

- Eintritt frei, Parkplatzgebühr.

Essen und Einkaufen

- **Café Sörgården** (nicht im Südhof, sondern in der großen Scheune) mit Kinderkleiderladen: Mitte Juni bis Mitte August täglich 11–18 Uhr, Mittsommer geschlossen
- **Souvenir- und Eisladen:** Anfang Juni bis Mitte August 10–18 Uhr, im Juli bis 19 Uhr, Mittsommer geschlossen. Da die genauen Öffnungszeiten von Jahr zu Jahr variieren, sollte man sich beim Turistbyrå erkundigen.

Übernachten

Siehe Kapitel „Vimmerby".

093bu Foto: ws

Bei Michel auf dem Bauernhof

Katthult, Lönneberga, Mariannelund

Astrid Lindgren schreibt:

„Katthult war ein kleiner hübscher Hof mit einem rot gestrichenen Haus, das zwischen Apfelbäumen und Flieder auf einer Anhöhe lag. Und rundherum gab es Äcker und Wiesen und Haine, einen See und einen großen, großen Wald. (...)“

„Wenn du jemals auf so einem Hof wie Katthult gewesen bist, dann weißt du, dass sich dort ganz schön viele Häuser drängeln. Man kriegt Lust, Verstecken zu spielen, sobald man dorthin kommt. Auf Katthult gab es nicht nur eine Scheune und einen Stall für die Pferde und die Kühe und einen Schweinestall und einen Hühnerstall und einen für die Schafe, sondern auch noch eine Menge anderer kleiner Häuser und Schuppen.

Es gab ein Räucherhaus, wo Michels Mama ihre gute Wurst räucherte, und ein Waschhaus, wo Lina all die schmutzige Wäsche wusch, und dann standen dort noch zwei andere Häuser dicht beieinander. In dem einen waren der Holzschuppen und der Tischlerschuppen und in dem anderen die Mangelstube und die Vorratskammer.“

Aus „Immer dieser Michel“

094bu Foto: ws

Auf dem kurzen Weg vom Parkplatz nach Katthult

Wer heute nach dem Hof sucht, auf dem sich Michel seine lustigen Streiche ausdachte, der wird fündig. Er kann auch ganz zufrieden sein mit dem, was er dort vorfindet. Vom Standpunkt der Wahrheit aus aber muss gesagt werden: Da wurde ein bisschen geschummelt. Die Wegweiser nach **Katthult** führen nach **Gibberyd,** einem kleinen Ort, der zum Gemeindebezirk Rumskulla und zur Kommune Vimmerby gehört. Hier hat der Regisseur Olle Hellbom seine wundervollen Filme gedreht, und mittlerweile ist der Hof auf den amtlichen topografischen Karten sogar als Katthult verzeichnet.

Verwirrung gibt es dagegen bei der Namensnennung: Michel heißt im schwedischen Original **Emil.** Der Oetinger Verlag hatte sich bei der Übersetzung für den Lausbubennamen Michel entschieden, um eine Verwechslung mit Erich Kästners Emil auszuschließen. Wir werden uns im Folgenden an die deutsche Ausgabe und an Michel halten, wenn sich auch der Emil das ein oder andere Mal einschleichen und für sein Recht sorgen wird.

„(...) Äcker und Wiesen und Haine, einen See und einen großen, großen Wald“: Bis zum heutigen Tag stimmt diese Beschreibung auch für die Gegend rund um Gibberyd. Hier dominiert die Landschaft, ja vielmehr die **Landwirtschaft,** wenn man von dem großen Parkplatz absieht, auf dem im Sommer neben den schwedischen vor allem deutsche Autos stehen. Auf dem Weg zu dem kleinen Anwesen, wo heute noch Privatleute wohnen, die ihr **Privatleben** auch geschützt sehen wollen, sieht man viele kleine Besucher als Emil: Die Müsse auf dem Kopf, die Büsse aus Holz im Anschlag zeigen sie, dass der kleine Frechdachs zu ihren Lieblingen zählt.

Das gilt übrigens auch für die Autorin selbst: Astrid Lindgren hat einmal in einem Interview bestätigt, dass ihr die Michel-Bücher am liebsten seien. Das liegt nicht allein daran, dass die Geschichten Land und Leute ihrer Heimat Småland so lebendig wiedergeben, sondern auch daran, dass die Schriftstellerin hier die so oft gehörten Erinnerungen ihres Vaters an seine Kindheit verarbeitet hat. Samuel August Ericsson muss ein begeisterter und begabter Erzähler gewesen sein, und Astrid Lindgren hat nie einen Hehl daraus gemacht, dass sie ihren Vater ganz besonders liebte.

Als sich der Regisseur Olle Hellbom Anfang der 1970er Jahre an die **Verfilmung** machte, war es der Autorin sehr wichtig, dass der Schauplatz in Småland lag und die Schauspieler Dialekt sprechen konnten. An die hundert Höfe hatten sich der Regisseur und sein Team in der Gegend angesehen, bevor sie sich für den Astrid Johannsson Gård in Gibberyd entschieden: Hier stimmte die gesamte Umgebung mit Astrids Schilderung und mit Björn Bergs Illustrationen wunderbar über-

Vorige Doppelseite: Rund um Katthult ist es genau wie in den Michelbüchern beschrieben

Katthult

ein. Die Besitzerin, eine ältere Dame, war mit den Plänen einverstanden, denn sie dachte sich, dass es ganz lustig werden könnte. Allerdings fanden hier nur die Tischlerschuppen- und die Außenaufnahmen statt – mit einer Ausnahme: der Szene, in der Knecht Alfred krank in seiner Kammer liegt. Die Innenaufnahmen entstanden in der Aula der Volkshochschule von Mariannelund, der Vimmerby-Markt fand Platz in einer alten Werkstatt, und die Fahrt mit dem kranken Alfred zum Doktor wurde im schneereicheren Nordschweden gedreht. Doch nicht allein in der Schauplatzfrage arbeiteten die Autorin und der Regisseur eng zusammen: Astrid Lindgren hatte auch Einfluss auf die Wahl der Schauspieler – und spielte in einer kurzen Szene sogar selbst mit, als Marktbesucherin in „Michel in Lönneberga".

Heute weiß die Region rund um Gibberyd den Michel-Vorteil durchaus zu nutzen: **Müsse und Büsse** gibt es nicht nur auf Katthult zu kaufen, sondern zum Beispiel auch im kleinen Supermarkt an der Landstraße, der mit „Emils mysse och bysse" Werbung macht. Den Småländern wird ja besondere Geschäftstüchtigkeit nachgesagt, wir hatten hier aber zu keiner Zeit das Gefühl, auf Geldgier oder Touristennepp zu stoßen.

Für Katthult/Gibberyd müssen die Besucher nicht allzu viel Zeit einplanen, denn groß ist das Gehöft wirklich nicht. Es gibt einige Gebäude, die unsere Fantasie anregen und Erinnerungen an das in den Michel-Büchern beschriebene alte Småland wach werden lassen. Da gibt es natürlich den **Tischlerschuppen** (die viel zitierte „Snickerboa"), von dessen Fenster ein schmales Holzbrett zur Vorratskammer hinführte, in der die leckeren Würste gelagert wurden. Dazwischen lag die von Michel gegrabene „Wolfsgrube", in der die bösartige Maduskan gefangen wurde. In der **„Trissebude"** blieb Michels Vater im Fenster stecken. Es gibt den von den Björn-Berg-Illustrationen her bekannten **Schleifstein,** mit dessen Hilfe der Magd Lina der Zahn gezogen werden sollte. Der **Brunnen** oberhalb von Alfreds Knechtkammer war Schauplatz ebendieser Szene bei den Dreharbeiten. Wer sich nach der Reise die Filme erneut anschaut, wird seine Freude an vielen Kleinigkeiten haben, die er jetzt mit anderen Augen sieht.

Selbstverständlich steht hier auch eine **Fahnenstange,** an der Michel seine kleine Schwester hochzog, um ihr den Blick auf Mariannelund zu bieten. Unsere dreijährige Tochter wurde während der Reise nicht müde, immer und überall zu rufen: „Da ist Klein-Idas Fahnenstange." Und es gibt nicht wenige davon in Schweden ...

Wer ein bisschen mehr Zeit hat, kann ein paar Schafe und Kaninchen streicheln, schaut geruhsam auf den kleinen Teich (in dem heute vermutlich nicht mehr gebadet wird wie zu Michels und Knecht Alfreds Zeiten) und macht sich auf zu einem Spaziergang durch den Wald rund um Gibberyd. Auch ein Besuch des Andenkenladens lohnt sich, denn hier gibt es nicht nur den üblichen Kram, man

kann auch Neuentdeckungen bei den Büchern und CDs machen.

Wer noch gründlicher auf den Spuren von Michel wandeln will, der muss seine Nase doch mehr in die **Bücher** stecken: Wann immer Astrid Lindgren über ihren Vater Samuel August geschrieben hat, zum Beispiel im „Entschwundenen Land", so erinnern sein verschmitzter Humor, sein fröhlicher und lebensbejahender Charakter an den Lausejungen. Ebenso gut kann man also in Näs, Astrid Lindgrens Geburtsort, oder in Sevedstorp (Bullerbü), dem Geburtsort ihres Vaters, auf Michel-Geschichten stoßen. Anekdoten aus Småland wie diese finden sich auch in anderen Büchern wieder. So gibt es eine freundliche Erzählung von

Heute noch bewohnt und nicht öffentlich zugänglich: das Wohnhaus von Michels Familie

096bu Foto: ws

einem kleinen småländischen Jungen, der sich mit dem Öffnen von Gattern seinen größten Wunsch, den Besitz von Kaninchen, erfüllt. Die Geschichte vom wütenden Stier Adam Engelbrecht findet man nicht nur in einem wunderschönen Bilderbuch mit Illustrationen von Marit Törnqvist, sondern auch in dem frühen Mädchenbuch „Kerstin und ich".

Im Übrigen aber sind die Michel-Geschichten untrennbar mit dem Namen des Illustrators **Björn Berg** verbunden. Er war 1963, als die Bekanntschaft mit dem Lausejungen begann, schon ein bekannter Zeichner, der für die Zeitung „Dagens Nyheter" arbeitete. Für eine Anthologie über „Nordische Hauptstädte" hatte er ein Bild für das Stockholm-Kapitel gezeichnet. Es zeigt einen kleinen Jungen mit hellem Haar, blauen Augen und blauer Schirmmütze, der auf einer Djurgården-Fähre sitzt. Vorbild war einer der eigenen Söhne. *„Aber das ist ja mein Emil"*, sagte Astrid Lindgren, als sie das Bild sah, und beauftragte Björn Berg umgehend mit den Illustrationen für das erste Buch. Dieser machte sich mit einem VW-Bus auf die Reise und sah sich gründlich in Småland um. So kommt es, dass manche Schauplätze hier aussehen, als seien sie von Björn Berg erfunden.

Von **Lönneberga** allerdings, das mit dem Namen Michels so eng verknüpft ist, kann kaum die Rede sein. Dort beschränkt sich die Spurensuche auf den

Ortsrand: An der Hauptstraße von Mariannelund nach Hultsfred steht eine Nachbildung des **Tischlerschuppens,** in dem ein mehr als lebensgroßer Emil aus Holz sein Schnitzmesser in der Hand hält. Hierher bringen Kinder aus aller Welt kleine und größere Hölzer, in die sie Namen oder Figuren geschnitzt haben. Wie ein Wallfahrtsort sieht das aus, und die jungen Pilger sind sich einig: So lustige und schöne Geschichten wie die von Emil gibt es so schnell nicht noch einmal.

Für unsere eigene Begegnung mit Michel sollte allerdings **Mariannelund** eine größere Rolle spielen. Hier hat im Buch der Arzt seine Praxis, zu dem der Junge gefahren wird, nachdem er sich seinen Kopf in der Suppenschüssel eingeklemmt hat. Später bringt er unter Lebensgefahr den kranken Knecht Alfred zum Doktor und bewahrt ihn so vor dem Tod durch Blutvergiftung. Uns lockten lustige kleine Plakate nach Mariannelund, zu einem **Sommerfest** namens „Liv och Kolifej". Darunter kann man sich in etwa Michels „Lustiges Leben auf der Festwiese" vorstellen. Viele Besucher erschienen wie vorgeschlagen in „alten Kleidern", und so fühlten wir uns wirklich in die Michel- oder Madita-Zeit versetzt. Neben vielen Buden mit Krimskrams stand ein großes Zelt, in dem die Besucher an langen Tischen aßen und tranken oder einem Sänger mit Gitarre zuhörten.

Etwas außerhalb des Zentrums stand in einer kleinen Senke eine Holzbühne, und hier gab es **Kindertheater.** Wir hatten zunächst Bedenken, ob unsere Töchter schwedisches Theater verstehen würden, dennoch setzten wir uns auf die Bänke, um zuzusehen. Und dann dauerte es nicht lange, und die Mädchen begriffen: Hier wurde Ole aus Bullerbü gerade ein Zahn gezogen. Später kamen Michel und seine Familie auf die Bühne, um einige seiner Streiche vorzuführen. So viel Spaß, wie diese kleinen Darsteller hatten, als Michel seinem Vater Anton die Suppe ins Gesicht schütten

097bu Foto: ws

Alfreds Knechtkammer ist ein schmuckes, kleines Häuschen

In Lönneberga selbst gibt es nur diesen Michel mit seinem Schuppen

098bu Foto: ws

durfte oder dieser „EEEEEmil" brüllend hinter seinem ungeratenen Sohn herrannte, so viel Spaß hat kaum je eine Schauspielertruppe auf einer Bühne gezeigt.

Von einem Lehrer mit der Ziehharmonika begleitet sangen die Schülerinnen und Schüler auch etliche der **Lieder,** die wir später noch oft zu hören bekommen sollten. Die Darstellerinnen von Madita und Lisabet ließen die Beine vom Bühnenrand baumeln und kämpften sich tapfer, nicht ohne ab und zu stecken zu bleiben, durch ihr „Pilutta"-Lied. „Pilutta" ist im Deutschen übrigens mit „Ätschibätsch" oder „Ätsch, Pustekuchen" zu übersetzen, was sich nicht ganz so gut singen lässt ...

In Småland sind die Lieder aus den Lindgren-Filmen, deren Texte ausnahmslos von der Autorin selbst stammen, zum Allgemeingut geworden. Eine kleine Episode, die wir am Rand eines Konzertes erlebten, hat uns besonders beeindruckt. Das Konzert war zu Ende, die Besucher strömten zu ihren Autos und fuhren nach Hause. Nur ein körperbehinderter Mann hatte Schwierigkeiten, aus seinem Rollstuhl heraus- und ins Auto zu kommen. Seine Frau half ihm geduldig, und als es endlich geschafft war, fing sie an zu singen: „Du käre lille Snickerboa" – gerade so wie Michel im Film seinen „lieben kleinen Tischlerschuppen" besingt. In Schweden ist die Bevölkerung eben verspielt genug, um

099bu Foto: ws

in der Öffentlichkeit Kinderlieder zu singen.

Aber zurück nach Mariannelund. Höhepunkt unseres Sommerfestes sollte nämlich eine Versteigerung werden, eine Versteigerung, wie sie im dritten Michel-Band so anschaulich beschrieben ist. Im Buch findet sie auf dem Nachbarhof statt:

„Die Auktion auf Backhorva war bereits in vollem Gang. Die Leute drängten sich um den Kram, der auf dem Hofplatz aufgereiht stand und im hellen Sonnenschein aussah, als hätte er sich verirrt. Auf einer Tonne mitten im Gewühl stand der Auktionator. Er bekam viele gute Angebote für Bratpfannen und Kaffeetassen und alte Holzstühle und ich weiß nicht was alles. Auf einer Auktion, musst du wissen, ruft man dem Auktionator zu, wie viel man für eine Sache bezahlen will. Aber wenn dann einer da ist, der mehr bezahlen will und höher bietet, so bekommt er die Küchenbank oder was es auch ist, um das man gekämpft hat.

Es ging wie ein Rauschen durch die Menge, als Michel und Lukas auf den Hofplatz sprengten, und es waren viele, die murmelten: Wenn der Katthult-

Beim Kindertheater in Schweden ist Astrid Lindren nicht wegzudenken

Auktion in Mariannelund: beinahe so schön wie in Backhorva, wenn's auch keine Schlägerei gab ...

junge kommt, ist es wohl besser, gleich nach Hause zu fahren!" Und wirklich, Michel macht ja eine Reihe von „Wahnsinnsgeschäften".

Unser Mariannelunder Auktionator stand auf einer alten Kutsche und pries ausgesprochen vergnügt den alten Kram an. Praktisches, Hübsches und völlig Unnützes wurde nach und nach versteigert, und wir hatten den Eindruck, dass nicht wenige auf diese Art ihre „stuga", ihr Ferienhäuschen, gemütlicher machen wollten. Was der Auktionator nicht loswurde, packten seine Helfer dem nächsten Bietenden kurzerhand noch mit dazu. So kam ein junger Mann in Motorradkluft, der eigentlich alte Bilder sammelte, zu einem Haufen Erbauungsliteratur aus dem 19. Jahrhundert. Andere Bieter ersteigerten einen alten, völlig zerlöcherten Wäschekorb, um ihre Neuerwerbungen damit nach Hause zu tragen. Wer denkt da nicht an Michel und seine Schätze, die ihm so viel Glück brachten?

Ja, Mariannelund haben wir in sehr guter Erinnerung, und das liegt nicht zuletzt an der winzigen **„Karamellkokeri"** (Süßwarenfarbrik), in der man Frauen durch eine Glasscheibe beim Bonbon- und Pralinenmachen zuschauen kann. Hier entstehen sie, all die rot gestreiften „Polkagrisar" (Zuckerstangen), von denen Astrid Lindgren so genüsslich erzählt, dass ihren Lesern das Wasser im Mund zusammenläuft.

Während allerdings Lisa und Inga aus Bullerbü noch völlig ungeniert in den großen Bonbontopf beim Kaufmann in Storbü greifen, sind die Leckereien in den später entstandenen Büchern schon etwas reduziert. Um die Zähne der Kinder nicht allzu sehr zu strapazieren, wurde in Skandinavien nämlich das so genannte **„Lördagsgodis"** eingeführt: Süßes gibt es nur einmal in der Woche, am Samstag (Lördag). Davon erzählt zum Beispiel das Bilderbuch „Natürlich ist Lotta ein fröhliches Kind", in dem der griechische Kaufmann Vassilis Schweden enttäuscht den Rücken kehrt: *„Ihr esst zu wenig Bonbons in diesem Land. Samstag und immer nur Samstag kauft ihr Bonbons, und davon kann ich nicht leben."*

In Mariannelunds Karamellkokeri jedenfalls füllen sich die Besucher nicht nur einmal in der Woche ihre Tüten mit Süßigkeiten. Natürlich steht hier auch Pippis Koffer voller Goldstücke, und wer sein Portemonnaie mit schwedischen Kronen zückt, der kann sich Zuckerstangen und all die Bonbons kaufen, für die Schweden berühmt ist. Vielleicht nicht gerade 18 Kilo wie Pippi ...

Hier kann man zusehen, wie die leckeren Karamellen und Zuckerstangen entstehen

Praktische Hinweise

Information

- **Katthult:** 59892 Vimmerby, Tel. 0496/40042, www.katthult.se (übersichtliche neue Webseite, z.T. auch deutschsprachig)

Anfahrt

- **Von Vimmerby** auf der Straße 33 nach Westen Richtung Mariannelund/Jönköping. Nach knapp 20 km rechts nach Rumskulla (5 km), dort links abbiegen und weiter nach Gibberyd/Katthult (2–3 km). Bereits ab der Abzweigung von der Straße 33 ist Katthult ausgeschildert. Ein etwas kürzerer, aber schwerer zu findender Weg führt von Vimmerby über den Vorort Åbro direkt nach Rumskulla, dort dann rechts nach Katthult abbiegen.
- **Von Mariannelund** nach Osten Richtung Vimmerby erreicht man die Abzweigung nach Rumskulla auf der Straße 33 bereits nach 1–2 km.

Eintritt

- 20 SEK, Kinder bis 15 Jahren frei.

Öffnungszeiten

- Geöffnet 25. bis einschließlich 33. Kalenderwoche, also ca. Mitte Juni bis Mitte August, 10–19 Uhr, gelegentlich auch an den Wochenenden vor der Sommersaison; Mittsommer geschlossen. Das Haupthaus ist nach wie vor bewohnt und daher nicht zugänglich.

Essen und Einkaufen

- **Katthult:** gut sortierter Souvenirladen, Bücher, Eis, Getränke
- **Mariannelunds Karamellkokeri:** Parkgatan 14 (ausgeschildert), Mariannelund, Tel. 0496/10063, www.karamellkokeri.se, geöffnet Juni bis Mitte August Mo–Fr 8–18 Uhr, Sa, So 10–15 Uhr, sonst Mo–Fr 8–16 Uhr.

Übernachten

- Siehe Kapitel „Vimmerby" (dort auch eine Unterkunft am Drehort der „Auktion von Backhorva").

100bu Foto: ws

101bu Foto: ws

Mit Ronja durch den Wald

Åmål, Sörknatten und Fjällbacka

Astrid Lindgren schreibt:

„Und Ronja ging. Ihr wurde bald klar, wie dumm sie gewesen war. Wie hatte sie nur glauben können, dass die große Steinhalle die ganze Welt sei? Nicht einmal die gewaltige Mattisburg war die ganze Welt. Nicht einmal der hohe Mattisberg war die ganze Welt, nein, die Welt war viel größer. Sie war so, dass einem der Atem stockte. Natürlich hatte Ronja gehört, wie Mattis und Lovis über das sprachen, was es außerhalb der Mattisburg gab. Vom Fluss hatten sie gesprochen. Aber erst, als sie ihn mit seinen wilden Strudeln tief unter dem Mattisberg hervorschäumen sah, begriff sie, was Flüsse waren. Vom Wald hatten sie gesprochen. Aber erst, als sie ihn so dunkel und verwunschen mit all seinen rauschenden Bäumen sah, begriff sie, was Wälder waren. Und sie lachte leise, weil es Flüsse und Wälder gab. Es war kaum zu glauben - wahr und wahrhaftig, es gab große Bäume und große Gewässer, und alles war voller Leben, musste man da nicht lachen!"

Aus „Ronja Räubertochter"

102bu Foto: sc

Durch dieses Tor betritt Ronja die Welt außerhalb der Mattisburg

Um den Ronja-Schauplatz ist es in den vergangenen Jahren sehr ruhig geworden. Leider, denn Kinder wie Erwachsene zählen dieses Buch nach wie vor zu ihren Lieblingen, und der kongeniale Film von Tage Danielsson läuft gelegentlich sogar in kleinen Kinos. Doch es gibt nicht mehr viele Spuren, die auf die Dreharbeiten hinweisen, obwohl es in **Åmål** einmal ein kleines und interessantes **Museum** gegeben hat. Vor 15 Jahren entdeckten wir es auf der Durchreise und fanden es sehr gelungen. Doch die Exponate stauben mittlerweile vor sich hin, die zwei Räume, an deren Eingang in altmodischen Lettern „Ronjaborgen" (Ronjaburg) steht, sind dunkel und verschlossen.

Auf unserer jüngsten Reise machten wir erneut einen Versuch – und hatten wie so oft Glück. Der Schlüssel zum Museum, so hieß es nämlich, befinde sich im Stadthotel von Åmål, zu dem die Räume gehören. Und das Mädchen an der Rezeption überließ ihn uns bereitwillig, wenn auch leicht erstaunt angesichts unseres Anliegens. Wir sollten nur das Licht hinter uns ausmachen.

Ja, so unbürokratisch kann es in Schweden zugehen, doch als wir die „Ronjaburg" betraten, war uns auch gleich klar, dass dieses Museum seine letzten Tage hinter sich hatte. Es roch ein bisschen muffig, die Beleuchtung funktionierte zum Teil nicht mehr, und im Halbdunkel konnten wir sehen, dass die **Modelle** lange Zeit unberührt und unbesehen herumgestanden hatten. Dennoch, für Filmfreunde ist diese kleine Ausstellung eine Fundgrube, denn Szenograph Ulf Axén hat mit seinen Arbeiten für Tage Danielsson etliche für die damalige Zeit ungewöhnliche Ideen entwickelt. Anhand von Modellen wird gezeigt, wie die Mattisburg, eine mittelalterliche Burg aus dem 12. oder 13. Jahrhundert, gedacht war und gebaut wurde. Anhand von Fotos kann man sehen, wie Ronja und Birk über den Höllenschlund springen, ohne allzu großer Gefahr ausgesetzt zu sein. Wer sich für ein solches „Making of" interessiert, sollte vorsichtshalber einmal bei der Touristeninformation von Åmål nachfragen; vielleicht wird das Museum ja doch eines Tages wieder geöffnet.

Wer aber noch ein bisschen mehr Ronja-Atmosphäre schnuppern möchte, der tut gut daran, einen Tag in der Gegend rund um die Stadt zu verbrin-

103bu Foto: sc

Vorige Doppelseite: Der Sörknatten in Dalsland war die richtige Kulisse für den Ronja-Film

Am Eingang zum Ronja-Museum in Åmål

Åmål

104bu Foto: sc

gen. Mit diesem Buch, das ja eigentlich der Kategorie Märchen zuzuordnen und dennoch so realistisch ist, hat Astrid Lindgren nämlich der Natur, die ihr so wichtig war, ein weiteres Denkmal gesetzt. Die Autorin wollte zunächst, dass das Buch in Småland verfilmt wird: In der Gegend um ihre Geburtsstadt Vimmerby gibt es ja etliche Plätze, an denen man sich vorstellen kann, Ronja und Birk, den beiden Räuberbanden oder sogar Wilddruden und Rumpelwichten zu begegnen. Doch nachdem sich Regisseur Tage Danielsson eine Woche lang dort umgesehen hatte, wurde beschlossen, nach einem anderen Drehort zu suchen, und man wurde fündig in der Gegend um Åmål.

Die Landschaft des Buches wird als urtümlich beschrieben, wild und lieblich, karg und voller Leben zugleich. Und all das kann man finden, wenn man zum Berg **Sörknatten** fährt, wo 1983/84 große Teile des Films gedreht wurden.

Die Anreise ist ohne Wegbeschreibung (siehe „Praktische Hinweise“) nicht so einfach, wir haben uns in dem großen Wald ein bisschen verfahren, doch allein für den grandiosen Ausblick über Dalsland lohnt sich der Abstecher. Der Wanderweg zum „Gipfel“ des 142 Meter hohen Sörknatten ist wunderschön. Er führt über Quarzsteine, die wie Glassplitter unter den Füßen knirschen, über Holzbohlen, die über Sümpfe leiten, vorbei an von Bibern gefällten Birken. Über Holztreppen gelangt man auf den Rücken des lang gestreckten Sörknatten, eine Wanderung, die auch Kinder bewältigen können, sofern man ausreichend Pausen einplant.

Von der Mattisburg ist heute fast nichts mehr zu sehen, lediglich einige Steinhaufen wecken unsere Neugier. Mit etwas Fantasie kann man sich gut vorstellen, dass hier die Burg einmal gestanden hat und der Bergrücken

105bu Foto: ws

106bu Foto: ws

von Schauspielern, Statisten, Kameraleuten und Beleuchtern nur so wimmelte. Der weite Blick über den Ånimmen-See ist traumhaft schön. Ein gelbes Herrenhaus mitten in den dunkelgrünen Bäumen leuchtet in der Abendsonne, und weit hinten schimmert der große Vänern. Nach Norden geht es den Berg hinunter zum **Vingenäs-Hügel**, wo die Höllenschlund- und Bärenhöhlen-Außenszenen gedreht wurden, ein Weg, den auch Ronja im Film des Öfteren zurücklegt. Im Steinbruch in der Nähe von **Fröskog,** in dem die Burghof-Aufnahmen gedreht wurden, kann man heute nur noch Lastwagen erleben, die ihre schwere Last über einen kurvigen und steilen Weg transportieren. Ein Bewohner von Fröskog, den wir nach dem Weg fragen, bedauert sehr, dass im Gegensatz zu den ersten Jahren heute nichts mehr erhalten ist, was auf die Dreharbeiten hinweisen könnte.

Wir trösten uns mit dem Besuch in einem nahegelegenen Café, das eine junge Frau aus Deutschland hier vor einigen Jahren aufgemacht und zu ei-

Ein Modell der Mattisburg und des Höllenschlunds im mittlerweile geschlossenen Ronja-Museum von Åmål

Die kärglichen Überreste der Mattisburg

Die Aussicht vom Gipfel des Sörknatten ist den Aufstieg wert

107bu Foto: sc

nem stilvollen Bed- and Breakfast umgebaut hat. Andererseits, so überlegen wir bei einer Tasse Kaffee, hat es auch wieder sein Gutes, dass hier in Dalsland, in dieser überwiegend unberührten und zum Teil unter Schutz stehenden Natur, kein „Ronjaland" mit Karussells oder Andenkenbuden aufgebaut werden konnte. Wer hier die Mühe auf sich nimmt und sich einige Schritte vom Auto wegbewegt, der findet sich mitten im Mattiswald wieder und kommt leicht in Versuchung zu sagen: „Jetzt kommt mein Frühlingsschrei!"

Zu unserer großen Überraschung entdeckten wir während unserer jüngsten Reise noch eine Spur, die auf Ronja verweist, und zwar in einem Landstrich, in dem wir das nicht erwartet hätten. An der Westküste, in der Region Bohuslän, gibt es einen bei Touristen äußerst beliebten ehemaligen Fischerort namens **Fjällbacka.** Hier, und zwar mitten in dem kleinen Ort, gibt es die **Wolfsklamm,** durch die Ronja in der Verfilmung von Tage Danielsson talwärts läuft, wenn sie in den Mattiswald möchte.

Vom „Ingrid Bergman torg", dem Hauptplatz direkt am Meer aus führt ein Weg durch eine enge Schlucht zum Vetteberg hinauf. Diese „Kungsklyftan" wurde nach König Oskar II. benannt, der mit seinem Besuch im Jahr 1886 Fjällbacka in die Reihe der beliebten Seebäder katapultierte. Etwas ängstlich bewegen wir uns den Pfad hinauf, denn über unseren Köpfen hängen riesige Felsbrocken, nur gehalten von den Felswänden rechts und links. Und da, dieser Seitenpfad? Ja sicher, hier standen Klein-Klipp und sein Räuberkollege Wache, als Ronja durch übermütiges Schreien große Steine zum Kullern brachte und fast erschlagen worden wäre. Über eine schöne Holztreppe gelangen wir auf den 74 Meter hohen Vetteberg, von dem aus man eine wundervolle Sicht über die kargen und felsigen Schären Bohusläns hat. Wer hätte gedacht, dass wir hier, direkt am Meer, Ronjas Wolfsklamm finden würden? Aber auch Bohuslän besitzt eben wunderbare Natur, die sich für die Lindgren-Verfilmungen eignet.

In der Königskluft in Fjällbacka wurden die Wolfsklamm-Szenen gedreht

Praktische Hinweise

Information

- **Turistbyrå Åmål:** Hamngatan 1, 66231 Åmål, Tel. 0532/17098 oder 070/5460 668, Fax 0532/16750, www.amal.se/page/61/turism.htm, www.dalsland.se (Homepage z. T. deutschsprachig, aber nicht allzu ergiebig).
- **Fjällbacka Turist Information:** Ingrid Bergmans Torg, 45071 Fjällbacka, Tel. 0525/32120, www.fjallbacka.com.
- **Literaturtipp:** Wer lieber in Antiquariaten als im Wald stöbert, dem sei der sehr lesenswerte, aber nicht mehr lieferbare Bildband zum Film empfohlen: Tage Danielsson: „Ronja Räubertochter. Das Buch zum Film", Verlag Friedrich Oetinger, Hamburg 1985.

Anfahrt

- **Åmål** liegt direkt am Vänern an der Straße 45 zwischen Göteborg und Karlstad, 180 km nördlich von Göteborg, 75 km südwestlich von Karlstad.
- Um zum **Sörknatten** zu finden, muss man ca. 30 km südlich von Åmål von der Straße 45 nach Westen abzweigen und auf einer kleineren Straße am Westufer des Sees Ånimmen nach Norden fahren. Nach 6–8 km zweigt beim Weiler Salebol nach links ein Fahrweg ab, der zum Naturreservat Sörknatten ausgeschildert ist. Nach einigen weiteren Kilometern endet der Fahrweg an einem Wanderparkplatz. Von hier geht man in nördlicher Richtung etwa eine gute Stunde zum Gipfel des Sörknatten.
- Weiter nach Norden führt der Weg zum Vingenäsberget, in das Gebiet, in dem die **Bärenhöhle** und der **Höllenschlund** liegen.
- Noch etwas weiter nördlich liegt der Ort **Fröskog** (ca. 20 km südwestlich von Åmål). Im dortigen Quarzsteinbruch am Berg Blåsen wurde der Burghof aufgebaut, davon ist aber heute nichts mehr zu sehen.
- **Fjällbacka** liegt direkt an der Westküste, von Göteborg auf der E6 bis Dingle, dann auf der 163 an die Küste.

Eintritt

- Alle Schauplätze liegen in freier Natur, kosten also keinen Eintritt.

Essen und Einkaufen

- Åmål und Fjällbacka bieten gute **Einkaufsmöglichkeiten** für den täglichen Bedarf, in den kleineren Orten gibt es oft nicht mehr als einen Kiosk bei der Tankstelle.
- Da man auf der Suche nach den Schauplätzen einige Zeit unterwegs sein kann, sollte man sich in Åmål oder einem anderen Ort mit **Proviant und Getränken** eindecken.

Übernachten

- Im **Fröskog Lantcafé** kann man nicht nur Hausgebackenes zum Kaffee bekommen sondern auch sehr gut übernachten; Hensbyvägen 15, 66295 Fengerfors, 073/81524 95 oder 0532/23305, www.froskogs-lantcafe.se, DZ 650 SEK.
- Vor dem Küstenort Fjällbacka liegt eine über eine Brücke erreichbare kleine Insel, und hier befindet sich eine besonders interessante Jugendherberge: **Badholmens Vandrarhem.** Sehr einfach, aber Lage, Aussicht und Badeplatz sind ausgesprochen attraktiv und daher schnell ausgebucht; Badholmen, 45071 Fjällbacka, Tel. 0525-32150 oder 073/7591237, www.cicci.se/bholm.html, geöffnet Juni–August, 200 SEK/Person.

108bu Foto: ws

Mit Madita
am Fluss
Spurensuche
in Söderköping

Astrid Lindgren schreibt:

„In dem großen roten Haus unten am Fluss, da wohnt Madita. Dort wohnen auch Papa und Mama und die kleine Schwester Elisabet, ein schwarzer Pudel, der Sasso heißt, und das Kätzchen Gosan. Und dann noch Alva. Madita und Elisabet wohnen im Kinderzimmer, Alva in der Mädchenkammer, Sasso in einem Korb auf dem Flur und Gosan vor dem Herd in der Küche. Mama aber wohnt beinah überall im Haus und Papa auch, wenn er nicht gerade in der Stadt ist und für seine Zeitung schreibt, damit die Leute dort etwas zu lesen haben."

„Die Sonne scheint so warm, von den Wicken im Beet weht der süßeste Duft herüber, die Hummeln surren über das Gras und sacht und still fließt der Fluss an Birkenlund vorüber. Man spürt am ganzen Leib, dass es Sommer ist, denkt Madita und planscht mit den Füßen im lauwarmen Wasser."

Aus „Madita"

109bu Foto: ws

Söderköping wirkt heute noch so beschaulich wie zu Maditas Zeiten

Um gar nicht erst falsche Hoffnungen zu wecken: Maditas Spuren in **Söderköping** sind äußerst spärlich. Zwar wurden ihr Weg zur Schule und viele andere Außenaufnahmen wirklich hier in der Stadt gedreht, aber das Wohnhaus Birkenlund selbst ist eine Villa in Privatbesitz irgendwo in der Nähe von Uppsala, und auch das Schulhaus, auf dem Madita und ihre Klassenkameradin Mia so waghalsig balancieren, ist hier nicht zu finden.

Es gibt aber den **Fluss,** der sich gemütlich durch die Stadt schlängelt. Trotz seines Namens Storån (großer Fluss) ist er nur ein paar Meter breit, und man könnte sich gut vorstellen, dass Madita und Lisabet irgendwo am Ufer „Moses im Schilf" spielen.

Vorbild für das unternehmungslustige Mädchen war übrigens **Anne-Marie Fries,** eine Bankierstochter aus der Nachbarschaft, die eine sehr wichtige Spielkameradin und später sogar Mitarbeiterin beim Verlag Rabén & Sjögren war. Sie und ihr Vater sorgten unter anderem dafür, das Astrid gegen den anfänglichen Wunsch ihrer Eltern weiter zur Schule gehen und das Realschulexamen machen durfte (siehe auch Kapitel „Vimmerby").

Die Stadt Söderköping wirkt im Ortskern heute noch so beschaulich, wie es vermutlich Vimmerby zu Astrid Lindgrens Zeit gewesen ist – kein Wunder, dass es von Regisseur Göran Graffman Ende der 1970er Jahre als **Filmschauplatz** ausgewählt wurde.

Dennoch hat man als Lindgren-Fan nicht viel verpasst, wenn man nicht in Söderköping gewesen ist. Liegt es aber auf der Strecke, so ist die gemütliche Kleinstadt einen Abstecher durchaus wert, nicht zuletzt wegen des lebhaften Schleusenbetriebs am **Göta-Kanal,** der ebenfalls direkt am Stadtkern vorbeifließt. Auch der Blick vom Steilufer auf der anderen Seite des Kanals aus auf die Stadt ist wunderschön.

Mehr noch als mit dem Film bringen Astrid-Lindgren-Leser ihr Madita-Bild wohl in Verbindung mit **Ilon Wikland.** Die Illustratorin, die sehr eng mit der

110bu Foto: ws

Vorige Doppelseite: Den kleinen Fluss Storån kann man in den Madita-Filmen immer wieder sehen

Durch diese freundliche Einkaufsstraße ging Madita zur Schule

Söderköping

111bu Foto: ws

Autorin zusammengearbeitet hat, erntete für das 1959 entstandene „Madita“-Buch durchaus auch Kritik. Die Darstellung der Kinder war in manchen Augen zu süßlich. Sieht man sich aber die prügelnden Mädchen an oder die ungewöhnliche Perspektive, wenn Madita auf dem Dach balanciert, kommt man zu einem anderen Ergebnis.

Vom Pavillon oben am Steilufer auf der anderen Seite des Göta-Kanals …

… hat man einen wunderbaren Blick auf die Stadt

Wer hier in Söderköping auf den Spuren von Madita und ihrer kleinen Schwester Lisabet wandelt, der hat vor allem die Filmbilder im Kopf und sucht nach einer Idylle, die heute durchaus noch zu finden ist. Wer darüber hinaus

112bu Foto: ws

Söderköping

in der Hauptsaison aufmerksam den Veranstaltungskalender studiert, wird vielleicht auf die wöchentlichen **Führungen** „I madickenfilmarnas kvarter" („Im Stadtviertel der Madita-Filme") stoßen. Pia Molin, eine Theaterpädagogin und Schauspielerin, führt durch das Stadtviertel, in dem Teile des Films gedreht wurden, ein spezielles Angebot für Familien mit Kindern. Dabei geht es allerdings nur am Rande um Madita.

Verkleidet als **Magd Sofia,** die einst im Dienst der um 1900 tatsächlich existierenden Familie Rehnborg stand, lässt Pia Molin die Geschichte der Stadt lebendig werden. Grundkenntnisse in Schwedisch sind dabei natürlich von Vorteil. Ausgehend vom Rådhustorget (Rathausplatz), wo die Familie wohnte, geht es auf eine Rundtour durch den Stadtkern.

Am Fluss, etwa an der Stelle, an der Madita weinend nach Hause humpelt,

113bu Foto: ws

weil sie beim Maifeuer eine ihrer neuen Sandalen verloren hat, demonstriert die Magd Sofia, wie die Dienstmädchen vor über hundert Jahren die Wäsche waschen mussten: sommers wie winters und bei jedem Wetter von einem Steg aus im Fluss. Die Kinder sind meist sehr beeindruckt und werden sicher nicht so schnell von der „guten alten Zeit" schwärmen, zumal wenn sie hören, dass Sofia nie Urlaub bekam und die gesamte Wäsche einer Familie mit 15 Kindern waschen musste. Da hat es Alva, die bei Maditas Eltern im Dienst steht, doch etwas besser.

Früher mussten die Mägde hier am Fluss die Wäsche waschen

Als Sofia am Wirtshaus namens „Trill-in" (in der deutschen Ausgabe „Kehr-wieder") vorbeikommt, beginnt sie, auf die Männer zu schimpfen, die sich dort ihren Rausch antrinken. Wer denkt da nicht an den großartigen Schauspieler **Allan Edwall,** der als besoffener Lebenskünstler Onkel Nilsson am Fluss in einer Schneewehe liegt und Zigarre rauchend mit Madita plaudert.

Nach etwa einer Dreiviertelstunde ist der Rathausplatz wieder erreicht, die Besucher kehren zurück in die Gegenwart. Die kleinen Touristen haben einen kurzen Eindruck vom Alltag einer Magd der Jahrhundertwende bekommen und werden vielleicht beim Lesen die Figur des Dienstmädchens Alva etwas genauer wahrnehmen. Mag sein, dass die Familie Engström allzu positiv gezeichnet ist, doch gerade in der Haltung des Zeitungsredakteurs und seiner Frau dem Dienstmädchen gegenüber ist viel von Astrid Lindgrens Lebenseinstellung zu entdecken. Sie vermittelt ihren jungen Lesern, dass man respektvoll mit anderen umgehen sollte, auch wenn sie auf der sozialen Leiter niedriger stehen oder ein Taugenichts wie Onkel Nilsson sind.

Praktische Hinweise

Information

- **Touristbyrå Söderköping:** Margaretagatan 19 (im Gebäude Stinsen, direkt an der E22), 61480 Söderköping, Tel. 0121/18160, Fax 0121/18531, www.soderkoping.se
- **Führungen mit Pia Molin** gibt es nur in der Hauptsaison und nur an wenigen Tagen.
- **Göta-Kanal:** Die Schleuse hat keine festen Zeiten, sondern wird in der Saison nach Bedarf bedient, oberhalb liegt der Segelhafen, unterhalb gibt es Ausflugsdampfer.

Anfahrt

- Söderköping liegt an der E22, die entlang der Ostseeküste von Kalmar nach Norrköping führt, ca. 15 km vor Norrköping.

Essen

- Direkt an der Schleuse liegt die Eisdiele **„Smultronstället"** (www.smultronstallet.se) mit einer riesigen Auswahl.

Übernachten

- Bei der Suche nach Übernachtungsmöglichkeiten (z. B. Hotels oder Ferienhäuser) ist das Turistbyrå wie alle anderen Informationsstellen behilflich.

114bu Foto: ws

Die Dalagatan und ihre Umgebung

Streifzüge durch Stockholm

Astrid Lindgren schreibt:

„Stockholm im Sommer – ja, das liebe ich! In den Mittagspausen auf der Treppe des Konzerthauses sitzen und sich sonnen, abends im Berzelii-Park eine Tasse Kaffee trinken und die Musik vom Berns-Café hören, in ein Kino gehen, in dem ein guter alter Film läuft, den man so gern noch einmal sehen wollte, und hinterher in die warme Dunkelheit hinauskommen und nicht frieren, obwohl man keinen Mantel anhat – sind das alles nicht wunderbare Sensationen? Auf allen Plätzen stehen große Krüge mit Blumen, ja, die ganze Stadt blüht auf, auch die Menschen, das geistige Klima wird gewissermaßen etwas milder und weicher als sonst, man hört überall in den Straßen fremde Sprachen, aufregende Sprachen, und sieht eigentümliche Menschen aus allen Ecken der Erde, und plötzlich überkommt einen das angenehme Gefühl, dass man in einer Metropole wohnt, glücklicherweise nicht in einer großen Metropole, sondern in einer winzig kleinen, blühenden und reizenden, die im Sonnenlicht auf blauem Wasser schwimmt."

Aus „Kati in Italien"

115bu Foto: ws

In der Dalagatan 46 hat Astrid Lindgren mehr als 60 Jahre lang gewohnt

Ein Rundgang durch Stockholm auf Astrid Lindgrens Spuren? Ja, aber nicht an einem Tag. Hat man einen Stadtplan der schwedischen Metropole vor sich, so blitzen einem überall Namen entgegen, die mit der Schriftstellerin und ihren Büchern verknüpft sind. Ausgangspunkt aller Streifzüge aber kann die **Dalagatan** sein, Dalagatan Nummer 46, im Vasaviertel. Hier hat Astrid Lindgren über 60 Jahre lang gewohnt, von ihrem Einzug mit ihrer kleinen Familie im Jahr 1941 bis zu ihrem Tod am 28. Januar 2002, im Alter von 94 Jahren.

Mit dem Beginn in der Dalagatan schien für die junge Frau eine schwere Zeit beendet zu sein. Hinter ihr lagen eine Schwangerschaft mit 18 Jahren, und das in einer Kleinstadt wie Vimmerby. Und dann die Zeit der Sekretärinnen-Ausbildung, in der sie hungerte und nur mit Hilfe der Lebensmittelpakete aus Näs überlebte. Jeden Öre kratzte die junge Mutter zusammen, um ihren Sohn in Kopenhagen bei seiner Pflegemutter zu besuchen. Erst als Lars zu den Großeltern nach Vimmerby kam und sie ihren Mann Sture Lindgren kennenlernte, begann eine etwas sorgenfreiere Zeit für Astrid Lindgren.

Vorige Doppelseite: Die Altstadt, Gamla Stan, vom Stadthaus aus gesehen

Cover der schwedischen Originalausgaben

Ihre Karriere begann, wenn man so will, mit einem Wettbewerb des Verlags Rabén & Sjögren, bei dem sie 1944 den zweiten Preis für das beste Mädchenbuch gewann („Britt-Mari erleichtert ihr Herz"). Noch zweimal hat sie sich an einem Wettbewerb des gleichen Verlages beteiligt: 1945 gewann „Pippi Langstrumpf" den ersten Preis, 1946 „Meisterdetektiv Kalle Blomquist".

Und so entstand ein Buch nach dem anderen, in eiserner Disziplin. Vormittags wurde geschrieben, nachmittags arbeitete Astrid Lindgren als Lektorin bei Rabén & Sjögren und baute dort eine Abteilung für Kinderbücher auf, deren Einfluss auf die skandinavische

Kinderliteratur kaum zu überschätzen ist. Ihre 40 Kinder- und Jugendbücher sowie fast 50 Bilderbücher sind in insgesamt rund 90 Sprachen übersetzt.

Hinzu kommen noch 14 Theaterstücke und drei Liederbücher. Grob geschätzt gibt es 145 Millionen Exemplare, davon über 12 Millionen in Schweden, rund 30 Millionen in Deutschland. Es gibt 37 Filme und TV-Serien, 27 davon basieren auf den Drehbüchern der Autorin, es gibt acht Kurzfilme und drei Zeichentrickfilme. Jährlich werden circa zwei Millionen Bücher verkauft, davon 750.000 in Deutschland und 300.000 in Schweden, im Jubiläumsjahr 2007 dürften es noch weit mehr gewesen sein.

Die Zahl ihrer Preise und Ehrungen ist kaum zu zählen, doch sie war auch unbequem, gesellschaftskritisch und meinungsbildend. Sie war für den Tierschutz aktiv und engagierte sich gegen Kernkraft, sie setzte sich für die Rechte der Kinder ein und leitete sogar mit ihrem Steuer-Märchen von der Hexe Pomperipossa einen Regierungswechsel ein.

Die Dalagatan selbst ist eine größere, eher gewöhnliche Straße, doch der Gedanke daran, welche Werke hier entstanden sind, macht sie anziehend für Literaturfreunde. Neben dem Hauseingang hängt eine kleine Plakette: „Astrid Lindgrens hem 1941–2002" (Astrid Lindgrens Heim). Das Haus: eines von vielen Mehrfamilienhäusern. Die Wohnung: eine nicht besonders große Vierzimmerwohnung mit Blick auf den Vasapark. Geschrieben aber hat die Schriftstellerin, wenn man den Beschreibungen einiger Besucher glauben darf, in einer kleinen, eher dunklen, aber gemütlichen Kammer. Auf einem Bett liegend und eifrig stenografierend.

Das Wohnzimmer in Astrid Lindgrens Wohnung in der Dalagatan

All diese Stenogrammblöcke liegen jetzt, nach ihrem Tod, in der Königlichen Bibliothek von Stockholm. Hier befasst sich die Literaturwissenschaftlerin Lena Törnqvist mit der Auswertung. Eine Arbeit, die endlos erscheint. *„Selbst die besten Stenografen können heute nicht mehr alles entziffern"*, hat uns Lena Törnqvist verraten. Zusammen mit all den Briefen von und an die Schriftstellerin, die säckeweise hier gelagert sind, bieten diese Urmanuskripte Stoff für zahllose Literaturwissenschaftler, genug Stoff für viele, viele Jahre.

In der **Wohnung** selbst ist alles beim Alten geblieben. Die Einrichtung soll nach dem Tod der Autorin erhalten bleiben, Möbel, Bücher, Bilder – alles soll so sein, wie es in all den Jahren war, in denen Astrid Lindgren hier allein gewohnt hat. Für ein öffentliches Museum aber ist die Vierzimmerwohnung natürlich zu klein, und so wird zurzeit nach einer Lösung gesucht, wie die Atmosphäre erhalten und die Wohnung dennoch der Öffentlichkeit zugänglich gemacht werden kann. *„Das ist nicht leicht zu entscheiden"*, sagt Tochter Karin Nyman vorsichtig, *„man denkt vielleicht an Führungen nur für Gruppen."* Doch auf absehbare

119bu Foto: sw

Zeit wird sich wohl nichts ändern. Die Familie möchte nichts überstürzen, sondern möglichst im Sinne der berühmten Mutter handeln.

Als wir im Sommer 2002 erstmals auf der Suche nach der Wohnung waren, standen wir leicht verunsichert auf der Straße. Wir hatten die Hausnummer vergessen und mussten geradezu Detektiv spielen. Die Rollos waren heruntergezogen, im Erdgeschoss befanden sich zu der Zeit Restaurants, alles war erfreulich unspektakulär. So kann man es sich auch zu Lebzeiten der Autorin vorstellen: Im Gegensatz zu manchen ihrer Schriftstellerkollegen hielt Astrid Lindgren offensichtlich nichts vom Repräsentieren, und welche Journalisten sie auch immer in ihrer Wohnung empfing, fast alle hatten anschließend das Gefühl, als persönliche Freunde wieder gegangen zu sein. Bei einer so bekannten Persönlichkeit auf eine derartige Bescheidenheit zu treffen, lässt immer wieder staunen.

Der **Vasapark** gegenüber macht einen leicht heruntergekommenen Eindruck. In unserer aus der Kindheit überkommenen Vorstellung haben wir einen gepflegten englischen Garten erwartet. Der Vasapark ist mehr eine städtische Grünfläche mit Spielplatz, einer Bahn für Skateboardfahrer, einer Schlittschuhbahn im Winter. Mütter schieben Kinderwagen, Pflegerinnen aus dem nahe gelegenen Altenheim schieben Rollstühle, und am Spielplatz beobachten wir eine Gruppe Erwach-

120bu Foto: ws

Seit 1996 gibt es im Tegnérpark ein Standbild, das auf die weniger bekannten Erzählungen der Autorin verweist

sener, die mit ihren Kindern Basketball spielen. In diesem Park ließ Astrid Lindgren in einem weniger bekannten Märchen das Däumlings-Geschwisterpaar Peter und Petra lebendig werden: Die beiden hatten ihre Wohnung unter einem großen Baum und liefen abends im Mondschein kunstvoll Schlittschuh.

Ein anderer, für unser Verständnis der Bücher sehr wichtiger Park ist der **Tegnérpark,** nicht weit von der Dalagatan. Hier sah Astrid Lindgren eines Tages einen kleinen traurigen Jungen auf einer Bank sitzen, und so entstand die Idee zu „Mio, mein Mio". Als wir jedoch hier nach ihren Spuren suchen, scheint die Morgensonne auf eine Schar nackter Kleinkinder, die sich fröhlich in einem öffentlichen Planschbecken tummeln. Eine sehr schwedische Einrichtung: städtische Grünflächen mit Planschbecken oder Eislaufbahnen, die kostenlos benutzt werden können.

Hier im Tegnérpark steht auch das schönste der drei Stockholmer Standbilder Astrid Lindgrens. Das 1996 von Majalisa Alexanderson (geboren 1934) errichtete kleine **Denkmal** zeigt die Autorin, wie sie schützend ihren Mantel um ein Kind ausbreitet. An ihrer Seite stehen Peter und Petra, auf ihrer Schulter sitzt Herr Lilienstengel aus dem Land der Dämmerung. In den bronzenen Mantel sind Zitate aus einigen ihrer Bücher eingraviert: *„Peter und Petra wohnen im Vasapark. Wir gehören zum Kleinen Volk, sagte Petra", „Herr Lilienstengel wohnt im Land der Dämmerung. Es wird auch Land, das nicht ist, genannt", „Komm bald wieder, allerliebste Schwester", „Ylva-Li wohnt unter Salikons Rosen".*

Der 1949 erfundene **Herr Lilienstengel,** Liljonkvast im schwedischen Original, eignet sich übrigens wie sein Nachfolger Karlsson vom Dach bestens als Stadtführer für Stockholm. Er nimmt den kranken Jungen Göran mit auf einen Rundflug über die Stadt, lässt ihn die alte Straßenbahn fahren (mit der man heute noch zum Tiergar-

Auf dem Hof Älvrosgården im Freilichtmuseum Skansen treffen Herr Lilienstengel und Göran auf das Mädchen Kristina vom Volk der Dämmerung

121bu Foto: ws

122bu Foto: ws

ten [Djurgården] fahren kann) und besucht mit ihm das große Freilichtmuseum Skansen auf Djurgården. Die gesamte Erzählung liest sich wie eine Liebeserklärung an Stockholm. Der Turm der Klarakirche, das große Schloss, der alte Hof namens Älvrosgården in Skansen und vieles mehr: Reist man, bewaffnet mit einem Stadtplan, zusammen mit Herrn Lilienstengel, bekommt man einen guten Überblick über die Stadt.

Da wir aber nicht mit ihm fliegen können, besteigen wir den 106 Meter hohen Turm des auf der Insel Kungsholmen gelegenen **Stadshuset** (Stadthaus), von dem aus man eine wunderbare Aussicht hat. Das Stadthaus bietet im Übrigen mehr als den Aussichtsturm: Hier ist nicht nur die Stadtverwaltung untergebracht, hier findet auch alljährlich das große Bankett anlässlich der Nobelpreisverleihung statt. Es empfiehlt sich, in der zweiten Tageshälfte auf den Turm zu steigen, wenn das Nachmittagslicht golden auf die

Das mit drei Kronen geschmückte Stadthaus ist nicht allein für Nobelpreisträger ein Ziel, sondern auch für Liebhaber schöner Aussichten

Über den Bahnhof hinweg sieht man im Norden die gelb-ockerfarbenen Häuser des Vasaviertels leuchten

Blick über Kungsholmen auf die Västerbron

123bu Foto: ws

Altstadt fällt. Wir verbringen hier, trotz einiger Regenwolken und leicht ungeduldiger Kinder, mehr als eine Stunde, da wir uns nicht von dem Anblick trennen können.

Im Norden sieht man das **Vasaviertel,** einen geschlossenen Block mit Wohnhäusern in warmen Gelb- und Ockertönen mit roten und schieferfarbenen Dächern. Hier ist die Dalagatan, und hier treibt der *„beste Karlsson der Welt"*, ein *„schöner und grundgescheiter und gerade richtig dicker Mann in seinen besten Jahren"*, allerlei Schabernack über den Straßen des Viertels. Ganz nah im Nordosten steht der Turm der **Klarakirche,** dem Herr Lilienstengel und Göran einen kurzen Besuch abstatten. Im Osten kann man

125bu Foto: ws

124bu Foto: ws

hinter dem Schloss das Nordische Museum und das Vasamuseum sehen und ganz im Hintergrund den Aussichtsturm „Bredablick", den höchsten Punkt im Freilichtmuseum Skansen. Im Südosten liegt die wunderschöne Altstadt „Gamla Stan" mit Riddarholmen im Vordergrund. Im Süden, am anderen Ufer des Riddarfjärden, erhebt sich das Stadtviertel Södermalm. Im Westen sieht man über Kungsholmen hinweg die mächtige Västerbron (Westbrücke), über die Göran seine Straßenbahn steuert.

Vom Stadthaus aus fährt man am besten mit der Untergrundbahn (Tunnelbanan) zur Station „Kungsträdgår-

Blick auf die Altstadt mit Riddarholmen im Vordergrund

Södermalm, auf der Südseite des Riddarfjärden, fällt zum Wasser hin steil ab

126bu Foto: ws

127bu Foto: ws

den", um vom „Nybroplan" oder „Norrmalmstorg" aus **Junibacken** anzusteuern, ein Kulturhaus für Kinder, dem wir ein eigenes Kapitel gewidmet haben. Vom Nybroplan kann man eine der Djurgårdenfähren nehmen, ein immer wieder schönes Erlebnis für Kinder wie für Erwachsene. Stockholm zeigt nämlich seine größte Wirkung vom Wasser aus.

Vom Wasser aus am schönsten: Stockholms Prachtstraße, Strandvägen

Wer mit der Fähre nach Skansen übersetzt, kommt direkt an Grönalunds Kettenkarussell vorbei

Eine andere Möglichkeit ist die Fahrt mit der alten **Straßenbahn,** die vom Norrmalmstorg nach Djurgården hinüberführt, aber man kann auch den berühmten **Strandväg** mit seinen hochherrschaftlichen Häusern entlangspazieren und einen kurzen Abstecher in die **Kaptensgatan** machen. Hier lebt Kati, hier wurden Erinnerungen Astrid Lindgrens an ihre eigene Zeit als Sekretärin wach. In der Kaptensgatan braucht es ein wenig Fantasie, aber wer die Kati-Bücher liebt, kann sich bestimmt die gemütliche Dachwohnung vorstellen, in der das junge Mädchen mit seiner lebenslustigen Freundin Eva haust. Und nachträglich feuchte Finger bekommen bei der Vorstellung, man müsse so wie Kati an

128bu Foto: ws

130bu Foto: ws

der Außenwand eines dieser hohen Häuser von einem Fenster zum anderen klettern, um einen auf dem Herd brutzelnden Fleischklops zu retten.

Auf der Insel Djurgården selbst gibt es mehrere Touristenattraktionen, die nicht alle ausschließlich mit Astrid Lindgren verknüpft und dennoch einen Besuch wert sind. Neben Junibacken sind dies vor allem das **Freilichtmuseum Skansen,** das man am besten mit der Erzählung vom Land der Dämmerung in der Hand besucht. Ferner lohnt ein Besuch des **Vasamuseums,** in dem das 1628 gesunkene und in den 1950er/60er Jahren geborgene Schiff „Vasa" gezeigt wird, eine Ausstellung, die selbst unsere Kleinen beeindruckt.

Ein letzter Abstecher führt zum **Seehistorischen Museum** am Djurgårdsbrunnsvägen. Im Keller des Museums sind zwei Räume **Saltkrokan** gewidmet. Vor allem am Wochenende und während der Ferien ist hier einiges los: Während sich die Eltern viel Zeit fürs Seehistorische Museum nehmen können, dürfen die Kleinen gegen eine Beteiligung an den Materialkosten Schiffe basteln oder malen – unter Anleitung, versteht sich. Im Spielzimmer gibt es ein Holzschiff, einen alten Schärendampfer namens Ljusterö, umgeben von zwei kleinen Hütten. Eine davon stellt den Kaufmannsladen von Nisse Grankvist dar, ein Büdchen mit alter Waage und altmodischen Pappschachteln.

Drei kleine Texttafeln informieren über die Insel Norröra, auf der Teile des Films „Ferien auf Saltkrokan" gedreht wurden. Buch und Filme, so wird hier deutlich, beschreiben eine im Wandel begriffene Idylle: die Fischerinsel, die mehr und mehr zur Insel für Sommergäste wird. Da fällt einem das Gespräch ein, das der alte Söderman mit Melcher Melcherson führt:

„Jaja, nun kommen die Sommergäste, achach jaja", sagte Söderman. Und als

Papa ihn fragte, ob er die Sommergäste nicht möge, da machte er ein betroffenes Gesicht. Dieser Gedanke war ihm offensichtlich noch nie gekommen.

„Nicht mögen, tjaa", sagte er. *„Aber die meisten von denen sind ja Stockholmer, und die Übrigen, die sind eigentlich auch bloß Gesindel."*

Die Dämmerung über dem Stadthaus und Riddarholmen, von Södermalm aus

Vor dem Seehistorischen Museum breitet sich die Wasserfläche des **Djurgårdsbrunnsviken** aus, über die Göran mit Herrn Lilienstengel nach Hause fliegt – *„(...) hoch über die Stadt hinweg. In den Wohnungen wurde nun Licht angemacht. Nie habe ich gewusst, dass es so etwas Schönes gibt wie die Stadt dort unter mir in der Dämmerung."*

Die alte Straßenbahn fährt nur im Sommer vom Norrmalmstorg nach Djurgården

Praktische Hinweise

Information

- **Stockholm Tourist Centre:** Sverigehuset, Hamngatan 27, Eingang Kungsträdgården, 10327 Stockholm, Tel. 08/50828508, Fax 08/50828509, www.stockholmtown.com
- **Dalagatan 46:** Derzeit für die Öffentlichkeit nicht zugänglich. In Zukunft möglicherweise ein Museum mit eingeschränkten Besuchsmöglichkeiten (U-Bahn Odenplan).
- **Vasapark:** Uneingeschränkter Zugang (U-Bahn Odenplan oder Sankt Eriksplan).
- **Tegnérlunden:** Uneingeschränkter Zugang (U-Bahn Rådmansgatan).
- **Stadshuset:** Hantverkargatan 1, Tel. 08/50829058, www.stockholm.se/stadshuset (schwedisch und englisch), geöffnet April Sa, So, Mai–September täglich 10–16.30 Uhr, Eintritt: 20 SEK, Kinder unter 12 frei. Nur knapp zehn Minuten zu Fuß vom Hauptbahnhof (U-Bahn T-Centralen oder Rådhuset).
- **Kaptensgatan:** U-Bahn Östermalmstorg.
- **Skansen:** Box 27807, 11593 Stockholm, Tel. 08/4428000, Fax 08/4428082, www.skansen.se, geöffnet täglich Oktober–April 10–16, Mai 10–20, Juni–August 10–22, September 10–17 Uhr, Eintritt je nach Saison Erwachsene zwischen 50 und 70 SEK, Kinder zwischen 20 und 30 SEK, zu erreichen mit den Bussen 44 und 47, mit der Djurgårdsfähre und in der Hochsaison mit der alten Straßenbahnlinie Nr. 7.

  Den im „Land der Dämmerung" beschriebenen **Älvrosgården** findet man ganz in der Nähe des zentralen Bollnäs-Platzes, aber natürlich gibt es in diesem uralten und wunderschönen Freilichtmuseum viel mehr zu entdecken, als man an einem Tag sehen kann.
- **Seehistorisches Museum:** Djurgårdsbrunnsvägen 24, Tel. 08/51954900, www.sjohistoriska.nu, geöffnet Di–So 10–17 Uhr, Eintritt 50 SEK, Kinder (bis 18) frei, zu erreichen mit Bus Nr. 69 von Bahnhof oder Sergels Torg.

Anfahrt

- Auch wenn man mit dem **Auto** ganz gut durch Stockholm kommt, kostet vor allem die Parkplatzsituation viel Geld und Nerven.
- Für alle, die länger als ein paar Stunden in der Stadt bleiben, bietet sich daher die **Stockholm Card** an. Sie ist nicht billig, lohnt sich aber schnell. Sie gewährt freie Fahrt mit allen Verkehrsmitteln, auch mit den Stadtfähren und freien Eintritt in alle Museen und Sehenswürdigkeiten. Man bekommt sie bei der Touristeninformation, an allen großen Fahrkartenverkaufsstellen und im Internet. Preise für 24/48/72 Stunden: für Erwachsene 290/420/540 SEK, für Kinder 120/160/190 SEK.

Essen und Einkaufen

Stockholm ist eine kleine, aber feine Weltstadt. Wer also genug Geld hat, findet alles, was das Herz begehrt. Dennoch zwei kulinarische Hinweise:

- In der **Markthalle** am Östermalmstorg kann man feinste schwedische Lebensmittel kaufen oder in anregender Atmosphäre gleich verzehren.
- Auch sind viele Cafés und Restaurants in **Gamla Stan** gemütlich und nicht so überteuert, wie man es in Anbetracht der vielen Touristen vermuten würde.

Übernachten

Auch hier gilt: Stockholm bietet viel, ist aber nicht billig. Hier zwei günstige und originelle Unterkunfte:

- Vandrarhem/Hotel **„Röda Båten"**, ein Hausboot, zentral gegenüber der Altstadt am Söder Mälarstrand vertäut (Söder Mälarstrand 6, 11820 Stockholm, Tel. 08/6444385, www.theredboat.com, auch deutsch, Preise: Vandrarhem ab 210 SEK, Hotel ab 600 SEK/Person)
- Vandrarhem **„Af Chapman"**, zentral auf der Insel Skeppsholmen gelegen (Flaggmannsvägen 8, 11149 Stockholm, Tel. 08/6117155, www.stfchapman.com, Preise ab 235 SEK, im DZ 315 SEK, Kinder bis 15 J. 135 SEK).
- Für Familien bietet es sich an, ein bezahlbares **Ferienhäuschen** weit außerhalb von Stockholm in Uppland oder Södermanland zu mieten und dann das ausgezeichnete Nahverkehrssystem für Tagesausflüge in die Stadt zu nutzen (Stockholm Card siehe Anfahrt).
- Bei der Suche nach weiteren Übernachtungsmöglichkeiten (z. B. Hotels und Ferienhäuser) ist natürlich auch das Stockholm Tourist Centre behilflich.

129bu Foto: ws

Junibacken
– det levande sagohuset
Junibacken

Schweben über Birkenlund

Junibacken in Stockholm

Astrid Lindgren sagt:

„Hej, alla barn! Nu ska vi åker runt på en liten tur och hälsar på en del andra barn som jag tror att ni känner …“

„Hallo, alle Kinder! Jetzt machen wir eine kleine Rundreise und besuchen einige andere Kinder, von denen ich glaube, dass Ihr sie kennt …“

So beginnt die Tonspur des Sagotåget (Märchenzuges) in Junibacken, die in der schwedischen Version von Astrid Lindgren gesprochen wird.

132bu Foto: ws

Das Denkmal von Hertha Hillfon steht vor dem Eingang zu Junibacken

„Junibacken", in der deutschen Übersetzung **„Birkenlund"**, so heißt eigentlich das gemütliche Heim der Mädchen Madita und Lisabet in einer ungenannten Kleinstadt. Das Junibacken in Stockholm hat von dort lediglich den Namen entliehen. Hier geht es nicht nur um Madita, sondern um fast alle Figuren, die Astrid Lindgren erschaffen hat. Für Kinder, die mit ihren Eltern Schwedens Hauptstadt besuchen, dürfte es die uneingeschränkte Hauptattraktion sein. Hier finden sie ihre Freunde, über die sie bisher nur gelesen oder gehört haben, leibhaftig vor sich – als Puppen oder von Schauspielern verkörpert.

Das große Gebäude auf der Insel **Djurgården** liegt gleich neben dem Vasa-Museum und nicht weit vom Vergnügungspark Gröna Lund, aber es ist schwerlich einer dieser Kategorien zuzuordnen. Es ist kein Freizeitpark wie Astrid Lindgrens Welt, es ist kein Museum und auch keine Ausstellung, kein Theater und kein Literaturhaus, es ist eine Mischung aus allem. Ziemlich viel für eine nicht gerade riesige Einrichtung, doch auch hier hat man den Eindruck, dass sich die Macher mit Verstand und Liebe zugleich der Buchfiguren angenommen haben.

Vor dem Haus sitzt eine bronzene Astrid Lindgren, die Autorin hat eine Taube neben sich und das Buch „Die Brüder Löwenherz" auf dem Schoß, in dem die letzte Seite aufgeblättert ist. Die **Skulptur** wurde von Hertha Hillfon geschaffen; eine zweite, leicht veränderte steht vor dem Astrid-Lindgren-Kinderkrankenhaus des Karolinska Instituts, des großen Krankenhauskomplexes nordwestlich des Stadtzentrums.

133bu Foto: ju

Am **Eingang** zu Junibacken sind zahlreiche Kinderwagen an der Hauswand aufgereiht, aus dem Lautsprecher klingen Kinderlieder, unter anderem die von uns so heiß geliebten von Astrid Lindgren selbst getexteten. Auf dem Weg zum Hauptstück der Einrichtung, zum so genannten Märchenzug, passieren die Besucher mehrere Stationen mit Informationen oder Erinnerungen an die Autorin, so dass selbst das lange Anstehen in den Sommermonaten nicht langweilig wird.

Während die Eltern in der Warteschlange die Stellung halten, dürfen ihre Kleinen spielen: auf dem **nachgebauten Hauptplatz von Vimmerby** oder in einem winzigen, gemütlich eingerichteten Häuschen beispielswei-

Vorige Doppelseite: Junibacken liegt auf Djurgården, direkt am Wasser

Der nachgebaute Marktplatz ist der schwedischen Kinderliteratur gewidmet

Junibacken

se. Und überall wird auf Kinderbuch-Figuren anderer Autoren hingewiesen, die von den schwedischen Kindern ebenso geliebt werden: Maja, die in der deutschen Übersetzung in Linnea umgetauft wurde, Alfons Åberg, den die Deutschen als Willi Wiberg kennen, die Mumin-Familie oder Pettersson und Findus (auch Pettersson schreibt sich im Schwedischen erstaunlicherweise anders, nämlich Pettson). Und natürlich darf die große Kinderbuch-Illustratorin Elsa Beskow nicht fehlen, der im Jahr 2008 das Sonderthema gewidmet ist.

Diese kleine **Ausstellung,** die jedes Jahr ein bisschen verändert wird, entstand auf persönlichen Wunsch der damals fast neunzigjährigen Astrid Lindgren. Sie wollte verhindern, dass Junibacken eine reine Lindgren-Huldigungsstätte wurde, und so stoßen wir auf all die auch hierzulande bekannten Namen. Wenn man nämlich die Geschichte des deutschen Kinderbuchs Revue passieren lässt, so ist das immer auch die des schwedischen Kinderbuchs gewesen – bis heute. Diese Entwicklung ist sehr eng mit Astrid Lindgren verknüpft, die nicht nur als Autorin, sondern auch als Lektorin beim Stockholmer Verlag Rabén & Sjögren viel Einfluss auf die Qualität dieses Bereichs hatte. Über den Oetinger Verlag hat sich dieser Einfluss dann auch auf Deutschland erstreckt.

Jetzt aber ist die Wartezeit beendet, wir kommen zum Herzstück Junibackens, zum **Sagotåget.** Mit **„Märchenzug“** ist dieser Ausdruck nur un-

135bu Foto: ju

zureichend übersetzt: Es handelt sich um Gondeln, jeweils für vier Personen, in denen die Besucher langsam an einzelnen Szenen aus den Büchern vorbeifahren, während eine Erzählerin und Kinderstimmen Auszüge aus den Texten vortragen. Beim ersten Mal lassen wir uns von der deutschen Stimme durch die Bücherwelt geleiten, aber beim zweiten Mal muss es die schwedische Version sein. Es spricht Astrid Lindgren selbst, die nicht nur die Textauszüge zusammengestellt, sondern auch vorgelesen hat.

Als diese Aufnahmen gemacht wurden, war die Autorin schon weit in den Achtzigern. Sie war fast blind und konnte nicht mehr lesen. Marit Törnqvist, Illustratorin und Szenografin Junibackens, sprach ihr also die einzelnen Sätze vor, und so entstand ein zusammenhängender Text. Der Aufnahme ist dies nicht anzumerken; es ist eher anrührend, die **Stimme der betagten Astrid Lindgren** zu hören. Zeit ihres Lebens hat sie ihre Werke oft und gerne vorgelesen oder auf Kassetten oder CDs aufnehmen lassen, und sie las immer ausgesprochen gut. Es ist heute noch zu merken, dass sie dies

Wenn Karlsson nicht gerade in der Dämmerung über Stockholm fliegt, ...

... dann ist er entweder bei Lillebror oder in seinem herrlich unordentlichen Häuschen auf dem Dach

136bu Foto: ju

137bu Foto: ju

nicht nur zur Freude der Kinder, sondern auch zu ihrem eigenen Vergnügen tat.

Am liebsten würden wir diesen Zug wieder und wieder besteigen, an der von Marit Törnqvist gestalteten **Puppenwelt** vorbeischweben. Die Szenen sind liebevoll ausgewählt, die Texte stimmig, die Musik (Anders Berglund, Georg Riedel, Bengt Hallberg) passend und die Mischung aus Erzählung und Drama perfekt. Es beginnt mit Madita, nach deren Haus die gesamte Einrichtung ihren Namen bekam. Ein großer Bereich ist natürlich Michel/Emil gewidmet, der mal als kleines Püppchen, mal als fast lebensgroße Gestalt (schlafend im Wurstregal) zu sehen ist. Man sieht Stockholm von oben, das Vasaviertel, in dem Karlsson seine unordentliche Wohnung hat, man sieht den Däumling Nils Karlsson mit seinem Freund Bertil in der Geleeschale baden, und dann kommen Ronjas Wald und die Mattisburg. Man sieht den Brand im Haus der Brüder Löwenherz, den wartenden Jonathan auf der Brücke im Kirschtal und den Drachen Katla. Mit dem hoffnungsvollen Ruf Krümels *„Ich sehe das Licht"* endet die Fahrt.

An dieser Stelle sei eine kleine **Warnung** ausgesprochen: Die ganz kleinen Besucher, die noch nicht selber lesen können und nicht so vertraut mit Astrid Lindgrens Geschichten sind, könnten leicht überfordert sein. Einige Passagen wie zum Beispiel Nils Karlsson Däumling, wo eine große Ratte vorkommt; die Gewitternacht bei Ronja oder die Brüder Löwenherz mit dem brennenden Haus, dem bösen Tengil und seinem Drachen Katla können auch ein bisschen Angst einjagen. Aus diesem Grund ist es ratsam, die Kinder vorher gut einzustimmen, ihnen zu erzählen, was noch nicht vorgelesen wurde, und sie nicht unvorbereitet und keinesfalls allein in die Gondel zu setzten. Unsere damals Vierjährige allerdings, die vor Beginn der Fahrt sehr ängstlich wirkte, sprach am Ende des Tages ganz energisch den Wunsch aus, noch einmal zu fahren. Und gerade die Geschichte der Brüder Löwenherz, die für viele Erwachsene etwas Erschreckendes hat, wird von Kindern jeden Alters offenbar ganz besonders geliebt.

Uneingeschränkter Favorit bei vielen ist Pippi Langstrumpf, die bei der Fahrt mit der Gondel erstaunlicherweise fehlt. Doch am Ende der Reise mit dem „Sagotåget" landen wir bei der zweiten Hauptattraktion Junibackens, bei der **Villa Kunterbunt.** Man findet sie in einem großen, lichtdurchfluteten

Raum mit Blick auf Saltsjön, den Übergang der Stadt Stockholm zum Meer. Hier ist die „Villa Villekulla", wie sie im Original heißt, wunderbar nachgebaut und kann von den Kleinen nach Herzenslust bespielt werden.

Während es in Vimmerbys Astrid Lindgrens Welt immer ein wenig an Kleinigkeiten und Einrichtungsgegenständen fehlt, können die Kinder hier einen Blick in Pippis Schlafzimmer werfen, sehen ihre großen Schuhe auf dem Kopfkissen liegen und stellen mit Begeisterung das ganze Haus auf den Kopf. Wir haben eine Dreijährige beobachtet, die lange, lange völlig selbstvergessen in Pippis Küche kochte, imaginäres Mehl in Töpfe schüttete und strahlend „fertige" Pfannkuchen zu Mutter und Großmutter brachte. Daran ist in Junibacken stets gedacht: dass vor allem die Kleinen selbst spielen wollen und nicht nur ansehen. An mehreren Stellen finden sich **Verkleidungskisten,** und wir sehen Vierjährige genauso begeistert darin herumwühlen wie Zwölfjährige. Der „Kleine Onkel" ist immer dicht umlagert, vom Balkon aus winken kleine Mädchen mit Zopfperücke ihren Eltern zu, bevor sie die große Rutsche herunterrutschen.

Aber natürlich fehlt auch Pippi selbst nicht, die gemeinsam mit der Prusseliese und den Polizisten das Seeräuberlied singt und „Guldpengar" (Süßigkeiten in Form eines Goldstücks) unter den kleinen Zuschauern verteilt. Wer feinsinniges Theater erwartet, der ist allerdings in Astrid Lindgrens Welt in Vimmerby besser bedient, denn

138bu Foto: ju

dies lebt vorrangig durch die **Schauspieler.** In Junibacken geht es manchmal etwas deftig zu, wenn Pippi die Polizisten Kling und Klang mit Wasser übergießt oder im Café in der unteren Etage auch mal mit Ketchup beschmiert.

Zu diesem Café gelangt man über eine kleine Wendeltreppe, **Marits lilla galleri.** Hier hängen die Illustrationen Marit Törnqvists an den Wänden, nach denen die Szenen des Sagotågets gestaltet wurden.

Im unteren Stock befindet sich auch ein Ausstellungsbereich, in dem alle ein bis zwei Jahre ein neues Thema

„Und wo es ein Feuer gibt, da gibt es wohl auch ein Heim." Ronja und Birk in der Bärenhöhle

Die Mattis-Räuber auf Beutezug

139bu Foto: ju

vorgestellt wird (2008 ist Karlsson dran). Es ist eine Art **Spielplatz mit Bühne,** so dass die Kinder selber spielen, aber auch kurze Szenen ansehen oder zusammen mit den Schauspielern singen können.

Am Ende des Rundgangs landen die Besucher nicht zufällig im **Buchladen** von Marianne von Baumgarten-Lindberg. Auch dies verrät viel über das gut durchdachte Konzept Junibackens: Sagotåget und Villa Villekulla sind nichts ohne die Bücher, in denen man hier schmökern darf, ja soll. Der Laden hat in Schweden einen ausgezeichneten Ruf. *„Das ist Schwedens bester Kinderbuchladen, denke ich“*, sagte uns zum Beispiel die Literaturagentin Kerstin Kvint, die lange Zeit als Privatsekretärin für Astrid Lindgren arbeitete und sich um die Auslandslizenzen und die Beantwortung der vielen Briefe an die Schriftstellerin kümmerte. Und wirklich: Bei jedem unserer Besuche bleiben wir mindestens genauso lange im Buchladen hängen wie bei der Villa Kunterbunt.

Nun ist es aber auch Zeit, ein wenig von den Menschen zu erzählen, die Junibacken gestaltet haben. Da sind an erster Stelle die Illustratorin Marit Törnqvist und der Schauspieler und Regisseur **Staffan Götestam** zu nennen. Wer den Film „Die Brüder Löwenherz“ von Olle Hellbom gesehen hat, kennt Staffan ganz genau: Er spielte als 22-Jähriger den Jonathan. Heute arbeitet er vor allem als Regisseur, besitzt zwei Theater in Stockholm und beschäftigt sich vorrangig mit Kindertheater. Natürlich stehen auf dem Spielplan des Öfteren Lindgren-Stücke.

Er ist der Initiator von Junibacken, doch betrieben wird es heute von anderen. Als wir uns mit ihm zu einem Gespräch treffen, erkennen ihn die Angestellten am Eingang nicht einmal: Mittlerweile hat er als Vorstandsmitglied und Teilhaber nur noch wenig mit dem Tagesgeschäft von Junibacken zu tun. Auf der Terrasse des Cafés allerdings wird er von der Mutter eines Teenagers angesprochen und schüchtern um ein Autogramm gebeten – der ewige Bruder Jonathan.

Anfang der 1990er Jahre – er arbeitete damals schon mit seinem eigenen Theater – hatte er die Idee zu Junibacken und nahm Kontakt zu Astrid Lindgren auf. Es gab dann eine Vereinbarung auf einem kleinen Stück Papier. *„Sie wollte kein Geld damit verdienen, aber sie hat die Erlaubnis und ihre Unterstützung gegeben"*, erinnert sich Staffan Götestam an die Anfänge. Als Domizil wählte er das Gebäude aus den 1920er Jahren, eine ehemalige Halle für Minensuchboote, die noch erweitert wurde. *„Der Königliche Garten auf Djurgården ist eine staatliche Stiftung, man konnte also nicht kaufen, sondern nur mieten, und der königliche Rat musste darüber entscheiden"*, erzählt Staffan Götestam. Das Königspaar Carl Gustav und Silvia, selber gut mit der Autorin befreundet, fand die Idee eines Kulturhauses für Kinder gut, und da die Töchter Viktoria und Madeleine oft das Theater Staffan Götestams besuchten und guthießen, stand der königlichen Unterstützung nichts im Wege.

„Es war von Anfang an klar, dass es kein Museum werden sollte, wo man wie durch einen Glaskasten hindurchschaut", meint Staffan Götestam: Zuerst fährt man mit dem Zug, dann spielt man in der Villa Villekulla, dann isst man etwas im Café, und dann kann man im Buchladen Souvenirs und – in seinen Augen noch wichtiger – Bücher kaufen. *„Es ist eigentlich unglaublich, wie viel auf diese 3000 Quadratmeter Fläche passt, wenn man den Raum in der dritten Dimension nutzen kann."* Als Filmregisseur (unter anderem von „Nils Karlsson-Däumling") war ihm das filmische Denken für eine Inszenierung dieser Art vertraut: *„Es war wie ein kleines Theaterstück, und so brauchte man einen Regisseur und es gab eine Art Drehbuch."*

141bu Foto: sc

Die Suche nach der Person, die dies alles in Szene setzen könnte, gestaltete sich schwieriger. Gesucht wurde im Grunde ein Illustrator, der zugleich die Arbeiten leiten konnte: Es gab ja Puppenmacher, Wandmaler, Szenografen, 50 bis 70 Leute, die unter einen Hut zu bringen waren. *„Man konnte ja nicht einfach die Bilder kopieren, es kam noch einmal der Interpretationsschritt der Dreidimensionalität hinzu"*, so Staffan Götestam.

Die Brüder Löwenherz auf dem Weg zu Katlas Höhle

Pippi bringt die Welt in Ordnung

Junibacken

140bu Foto: ws

In **Marit Törnqvist** fand Junibacken die ideale Person. Die junge Frau mit holländisch-schwedischen Eltern hatte bereits einige Astrid-Lindgren-Bücher illustriert und war über ihre Mutter Rita Törnqvist-Verschuur, Übersetzerin auch für Lindgren-Titel, mit der Autorin gut bekannt. *„Als ich ihr am Telefon den Vorschlag machte, Junibacken zu gestalten, sagte sie zunächst: Ihr spinnt ja!“*, erinnert sich Staffan Götestam. Aber nachdem sie erfahren hatte, dass er „Jonathan“ war und Astrid Lindgrens Zustimmung hatte, willigte sie ein.

Wenn Pippi die Polizisten Kling und Klang mit Wasser und Ketchup begießt, dürfen die Zuschauer nicht zimperlich sein

Durch die gemeinsame Arbeit wurden die junge Frau und die hochbetagte Autorin gute Freundinnen. Und da Astrid Lindgren zwar ihre Zustimmung zu dem Projekt gegeben hatte, aber doch zweifelte, ob das Ganze nicht allzu groß ausfallen würde, beauftragte sie Marit Törnqvist, aufzupassen, *„dass alles recht wird“*. Eine sehr typische Episode, denn Astrid Lindgren sorgte durch ihre Persönlichkeit und durch ihren offenen Umgang mit den Menschen fast immer dafür, dass alles, was in ihrem Namen geschah, auch in ihrem Sinne war. Und im Fall Junibacken ist ihr dies ganz offenbar gelungen.

Praktische Hinweise

Information

- **Junibacken,** Galärvarvsvägen, 11521 Stockholm, Tel. 08/58723000, Fax 08/58723099, www.junibacken.se (sehr ausführliche Website mit viel Hintergrund und allen praktischen Informationen auf Schwedisch und Englisch, gute Kurzversion auf Deutsch).

Anfahrt

- Junibacken ist **mit öffentlichen Verkehrsmitteln** gut zu erreichen: Am schönsten mit der Djurgårdsfähre von Slussen (Südende von Gamla Stan, U- und S-Bahn) oder Nybroplan (U-Bahn Kungsträdgården), mit der schönen alten Straßenbahn 7 vom Norrmalmstorg (U-Bahn Kungsträdgården), mit dem Bus 44 vom Karlaplan (U-Bahn) und mit Bus 47 von Hauptbahnhof oder Norrmalmstorg.
- Es gibt auch einen eigenen **Parkplatz,** aber er kann in der Hochsaison schnell voll sein und ist wie die gesamte Stockholmer Innenstadt gebührenpflichtig und nicht billig.

Öffnungszeiten

- Ganzjährig Di–So 10–17 Uhr, Juni bis August tägl. 10–17, Juli tägl. 9–19 Uhr, an den Sommerwochenenden und Feiertagen auch länger. Letzter Einlass eine Stunde vor Schluss.

Eintritt

- 110 SEK, Kinder (3–15 Jahre), Studenten und Rentner 95 SEK. Der Eintritt schließt eine Fahrt mit dem „Sagotåget" ein, jede weitere Fahrt kostet 25 SEK bzw. für Kinder 10 SEK (sehr zu empfehlen: das zweite Mal die schwedische Fassung wählen und Astrid Lindgren selbst hören). Eine Jahreskarte lohnt sich bereits beim zweiten Besuch!

Essen

- Es gibt ein **Café-Restaurant** mit Selbstgebackenem und warmen Mahlzeiten zwischen 11 und 15 Uhr. Bei gutem Wetter kann man auch draußen direkt am Wasser mit Blick auf die Altstadt sitzen.

Einkaufen

- Die **Buchhandlung** wird nicht umsonst als bester Kinderbuchladen Schwedens bezeichnet. Hier gibt es nicht nur (fast) alles von und über Astrid Lindgren, sondern auch das gesamte schwedische und ein kleines fremdsprachiges Kinderbuchsortiment sowie Hörbücher, CDs, DVDs und Spielzeug. Die Buchhandlung kann man auf Nachfragen auch ohne Eintritt betreten.

Übernachten

- Siehe Kapitel „Stockholm".

142bu Foto: ws

„Nähme ich Flügel der Morgenröte ...“

Eine Fahrt zu den Schären

Astrid Lindgren schreibt:

„Und ich, was muss ich verlassen? Meine Sommerwäldchen, meine Apfelbäume und meine Pfifferlingsstellen. Meine kleinen einsamen Waldpfade. Die abendliche Stille. Nicht mehr auf der Treppe sitzen zu können und die Mondstraße über dem dunklen Fjord zu sehen, keine nächtlichen Schwimmausflüge machen zu können unter einem Himmel, der von Sternen glüht, nicht mehr in einer kleinen Bodenkammer zu schlafen mit dem Wiegenlied der Dünung im Ohr, das wird mir schwer fallen. Und dann die Menschen hier, die unsere Freunde geworden sind, die müssen wir auch verlassen. Oh, wie werde ich die vermissen!“

Malins Tagebucheintrag, aus „Ferien auf Saltkrokan“

143bu Foto: ws

Mit der M/S Viggen kann man im Sommer Norröra und Söderöra ansteuern

Aus keinem literarischen Werk wird in unserer Familie so oft zitiert wie aus „Ferien auf Saltkrokan", irgendeine Stelle findet sich immer, die gerade zur Situation passt. Und wenn es Tjorvens *„Das kommte bloß so"* ist, mit dem wir ein Missgeschick zu erklären versuchen: Familie Melcherson und ihre Freunde sind ein Teil unseres Lebens geworden, und kein Buch wird so oft wieder zur Hand genommen wie dieses.

So ist es nicht verwunderlich, dass es uns besonders wichtig war, nach Schauplätzen des Buches oder der Filme zu suchen. Wobei unsere lesehungrige Familie es anfangs nur schwer nachvollziehen konnte, dass die Fernseh- und Kinofilme dem Buch vorausgegangen sind: In unseren Augen ist es so perfekt wie kein zweites. Doch auch die Filme wecken Lust, sich auf die Spuren der Stockholmer Familie zu begeben. Und so suchten wir in dem riesigen **Schärengebiet** vor Schwedens Hauptstadt nach dem Schreinerhaus, in dem der tollpatschige Melcher Melcherson mit seinen Kindern Malin, Niklas, Johan und Pelle so herrliche Ferien verbringt.

„Geh an einem Sommermorgen in Stockholm zum Kai am Strandväg hinunter und schau nach, ob dort ein kleiner weißer Schärendampfer mit dem Namen ‚Saltkrokan I' liegt. Wenn es so ist, dann ist es der richtige Dampfer und man braucht nur an Bord zu gehen. Punkt zehn Uhr wird er zur Abfahrt läuten und rückwärts von der Pier ablegen; denn jetzt geht er hinaus auf seine gewohnte Fahrt, die bei den Inseln weit draußen endet, dort, wo das Meer beginnt."

Auch heute noch kann man mit dem Schiff von Stockholm aus in die Schären rund um Saltkrokan fahren, doch die Reise dauert gut einen halben Tag. Obwohl wir in Stockholm gerne und oft ein Boot bestiegen haben, da die Aussicht auf die Stadt vom Wasser aus am allerschönsten ist, begann unsere Fahrt nach Saltkrokan etwas weiter nördlich. Von dem kleinen Fischerort **Spillersboda** aus fährt nämlich im Sommer zweimal die Woche die **M/S Viggen** ins Schärengebiet. Unter sachkundiger und unterhaltsamer Führung von Reiseleiter Michael Blum machen sich einheimische wie auch nichtschwedische Literaturfreunde mit oder ohne Kinder auf eine Art Zeitreise. Die Bilder der Filme fest im Kopf, die eigenen Erinnerungen an das Buch im Gepäck, suchen sie die Idylle, die ihnen so lieb geworden ist. Heute zum Beispiel, an einem regnerischen Tag im August, ist das Boot proppevoll: Es ist die letzte Fahrt der Saison.

„Den Kindern muss ich natürlich sagen: Pelle und Tjorven wohnen nicht mehr da", erläutert Michael Blum über das Mikrofon. *„Aber die Leute, die jetzt im Schreinerhaus leben, sind total nett und öffnen ihr Haus für uns. Sie haben viel Besuch gehabt in diesem Jahr, aber sie haben mir gesagt, für die letzten Besucher in diesem Sommer würden sie noch ein bisschen was zusammenkrat-*

Vorige Doppelseite: Die Ankunft auf Söderöra ist wie auf den anderen Inseln auch: unspektakulär aber anheimelnd

Schären nördlich von Stockholm
Rimbo
77
280
E18
Kårsta
Bergshamra
Sättra
Ekskogen
Svensboda
Lindholmen
Karby
Roslags-Kulla
Vallentuna
268
276
Åkersberga
Singö
Bammarboda
N Ljusterö
Arnö
264
Skärgårdsstad
Linanäs
S Ljusterö
Rydbo
Brevik
274
Trälhavet
Täby
Svinninge
Saxar-fjärden
Kårnäs
Resarö
Stora Värtan
Vaxholm
Oskar-Fredriksborg
Sandö-fjärden
Djursholm
E4
Askrikefjärden
Tynningö
Solna
Lidingö
Ängsvik
Kummelnäs
Torsby-fjärden
Värmdölandet
Brevik
277
Gustavsberg
Kopparmora
Gamla stan
Nacka
Hemmesta
222
Stockholm
Boo
Skeppsdalsström

Norrtälje
E18
Kapellskär
Granhamnsfjärden
276
177
Spillersboda
Stomnärö
278
Grovstanäs
184
Furusundsfjärden
Furusund
Köpmanholm
Eknäs
Norrfjärden
Gräskö
Gräsköfjärden
180
Norröra
183
Söderöra
Kudoxafjärden
Gränö
Yxlan
Blidö
Storvik
Rödlöga
Norrfjärden
Svartlöga
Svartlögafjärden
Ö Lagnö
KOBBFJÄRDEN
V Lagnö
GÄLNAN
Husarö
Lervikstorp
Edö
Ingmarsö
OSTSEE
Edöfjärden
Svartsö
Traskö-Storö
Lådna
Möja
Lökaön
Möja Västerfjärd
Södermöja
Bockö
BJÖRKSKÄRS-FJÄRDEN
Gällnö
Hemö
Storö
Möja Söderfjärd
Överby
Kalvsvik
Vindö
Storö
HORSSTENS-FJÄRDEN
Älgöfjärd
Kanholmsfjärden
Harö
N
0
10 km
Djuro
Stavsnäs
99
Ortsbeschreibung auf Seite 99

144bu Foto: ws

zen.“ Das Schreinerhaus, in dem und um das herum ein Großteil der Filme gedreht worden ist, liegt auf der Insel **Norröra,** die das erste Ziel unserer Fahrt ist. Es beherbergt heute ein Paar, das in einem kleinen Schuppen neben dem Haus eine Art Kiosk-Café mit sehr leckerem selbst gebackenem Kuchen betreibt.

Ja nun, **Pelle** und **Tjorven** haben wir natürlich nicht erwartet. Sie müssen heute weit in den 1940ern sein und wir hätten sie vermutlich auch nicht erkannt. Ein mitreisender schwedischer Journalist erzählt uns ein bisschen, was aus den Schauspielern von einst geworden ist: Tjorven (Maria Johansson) ist Schauspielerin und Politikerin, wie übrigens auch ihre Kollegin Ronja (Hanna Zetterberg), die für die Kommunistische Partei im Parlament vertreten war. Pelle (Stephen Lindholm) ist Journalist bei einer technischen Zeitung und hört es heute gar nicht gerne, wenn man ihn als Pelle anspricht.

In diesen schönen Kasten kann man eine Spende für den Erhalt des Schreinerhauses werfen

Heute wie damals in Privatbesitz: das alte Schreinerhaus, wie man es aus den Filmen kennt

Die Fahrt mit der M/S Viggen ist schön, wenn auch der Himmel grau ist. Wir fahren an einem kleinen Steinhaufen vorbei, der auf der Karte mit „Kråkan“ bezeichnet ist. Eigentlicher Namengeber aber war das Boot eines Freundes von Astrid Lindgren, das „Saltkråkan“ (Salzkrähe) hieß. Es gibt hier auch eine kleine Insel, die Lill-Asken heißt, was uns an den Ort erinnert, an dem Pelle sein Kaninchen Jocke ersteht.

Als wir Norröra erreichen, versammelt **Michael Blum** uns alle auf der Landungsbrücke, um uns ein bisschen einzustimmen. Er macht dies sehr nett, so wie er auch auf der Fahrt kleine Anekdoten, zum Teil im Dialekt der Gegend namens Roslagen und nicht ohne schauspielerisches Talent, von sich gibt. Er spielt, wie das die Schweden so oft und gerne tun, und alles wirkt leicht und gut gelaunt. Dennoch kommt es uns seltsam vor, mit über 100 anderen Besuchern den schmalen Pfad entlangzustapfen, vorbei an den Sommerhäusern anderer Leute, die hier wie die Familie Melcherson doch eigentlich nur ihre Ruhe suchen. Norr-

145bu Foto: ws

öra, früher eine reine Fischerinsel, wird heute fast nur noch von Sommergästen bewohnt, die wenigsten versuchen, hier zu überwintern.

Alles ist schön und enttäuschend zugleich. Unsere Tochter zum Beispiel hatte sich das **Schreinerhaus** deutlich älter und heruntergekommener vorgestellt, aber natürlich: Hier wohnen Menschen, die in dem Haus ihre Sommerferien verbringen wollen und keine Bruchbude brauchen können. Ein anderes Phänomen ist das Fehlen von gluckerndem Wasser. Wo Melcher auf dem Steg saß und zusehen musste, wie seine Söhne einen Fisch nach dem anderen aus dem Meer zogen und er keinen einzigen, da kann heute von Angeln nicht mehr die Rede sein. Das liegt unter anderem daran, dass sich die schwedische Landschaft hier in hundert Jahren um 40 Zentimeter hebt. Auch ist die Umgebung des Schreinerhauses sehr viel stärker zugewachsen, da es kein weidendes Vieh mehr gibt. Alles erscheint uns nicht so vertraut wie erwartet. *„Vieles, was man im Film nicht sieht“,* erklärt Michael Blum, *„wurde bei den Dreharbeiten einfach geschickt versteckt.“*

Astrid Lindgren hatte ihre genaue Vorstellung von Saltkråkan, als sie im Sommer 1963 das Drehbuch für den ersten Film fertig stellte. Zusammen mit dem Produzenten Olle Nordemar und dem Regisseur Olle Hellbom suchte sie viele Inseln des Schärengebietes auf, um einen geeigneten Drehort zu finden. Die Filmemacher fanden ihn nicht nur auf Norröra, wo

146bu Foto: ws

147bu Foto: ws

das Schreinerhaus steht. Große Teile sind auf der Nachbarinsel Söderöra gedreht, die ebenfalls von der M/S Viggen angesteuert wird. Im Übrigen wurde noch auf **Rödlöga** und auf den finnischen **Åland-Inseln** gedreht, wo es unbemalte Bade- und Bootshäuser gab. Dort sind aber kaum noch Hinweise auf die Dreharbeiten zu entdecken.

Unser nächstes Ziel, **Söderöra,** gefällt uns im Grunde besser als Norröra, da es weitläufiger und eben auch groß genug für unsere nicht gerade kleine Schiffsbesatzung ist. Aber auch hier will sich das Saltkrokan-Gefühl nicht so recht einstellen, zumindest aber kommt es bei einem kleinen Picknick mit geräuchertem Fisch zu netten Gesprächen. Auf Söderöra leben mehr Einwohner, die sich das ganze Jahr über auf der Insel aufhalten, und einige von ihnen erinnern sich noch ganz lebhaft an die Zeit der Dreharbeiten. *„Für uns ist es ganz lustig, die Filme zu sehen, denn sie springen immer von Norröra nach Söderöra und wieder zurück. Was für die normalen Zuschauer ein einziger Schauplatz ist, sind für uns eben zwei Inseln"*, amüsiert sich zum Beispiel Barbro, die uns den leckeren Fisch verkauft.

Fischerhäuser auf Söderöra

Mehr für stille Urlaubsfreuden als für Sightseeing geeignet: Badesteg auf Söderöra

148bu Foto: sw

Aber es werden nicht nur viele Drehorte zu einem einzigen Schauplatz: In einem Gespräch mit dem Filmproduzenten Waldemar Bergendahl von Svensk Filmindustri in Stockholm, dem Nachfolger Olle Nordemars, macht er uns klar, dass es im Grunde **unzählige Versionen** von Saltkrokan gibt. Zuerst wurden die Fernsehfassungen gedreht, aus denen wiederum Kinoversionen gemacht wurden. Für die Kinofassung wurden neue Szenen gedreht, die später wiederum zum Teil die Fernsehfolgen ergänzten. Wer da nicht absoluter Cineast ist, verliert schnell den Überblick – und greift glücklich nach dem Buch, das eine geschlossene Einheit bildet. Doch in welcher Fassung auch immer: Der Charme der Filme ist bis heute erhalten geblieben.

Astrid Lindgrens Sommerhaus, idyllisch am Sund mit Blick auf Yxlan gelegen

Die riesigen Finnlandfähren lassen Häuschen und Boote wie Spielzeug erscheinen

Auf der Rückfahrt fahren wir an **Furusund** vorbei, wo Astrid Lindgren und ihre Familie alljährlich den Sommer verbrachten. Ihr Mann Sture Lindgren, den sie 1931 geheiratet hatte, war der einzige Sohn einer Malmöer Familie, und als dem Vater klar wurde, dass sein Sohn künftig in Stockholm bleiben würde, kaufte er sich ein ehemaliges Lotsenhaus auf der Insel, um in der Nähe bleiben zu können. Es war anfangs alt und ein bisschen heruntergekommen, aber es erfüllte seinen Zweck: Es war ein Heim für Astrid Lindgrens Schwiegereltern, in dem sie ihren Lebensabend verbrachten. Nach dem Tod der Schwiegermutter übernahm die Schriftstellerin das Haus, ließ Strom legen und machte es noch wohnlicher. So ist es auch in Saltkrokan nachzulesen: Mit großer Liebe und Sorgfalt richtet Malin das alte Schreinerhaus her und macht es zu einem wirklichen Heim.

Von da ab siedelte Astrid Lindgren in jedem Sommer von der Stadt auf die Insel über, wo sie Ruhe zum Schreiben fand und ihre Tage in der so geliebten Natur verbrachte. Anfangs war es beschwerlich, mit einem Kleinkind und wenig Komfort. Man reiste damals mit dem Dampfer an, heute verbindet Furusund eine Brücke mit dem Festland, der Ort ist gewachsen und der „lanthandel" (Dorfladen) gleich um die Ecke.

Das Haus liegt auf einem großen Felsen am Sund. Von der Veranda aus, auf der Astrid Lindgren an so vielen ihrer Bücher gearbeitet hat, sieht man, wie sich die riesigen Fähren nach Finnland durch den engen Sund schieben. Ein majestätischer Anblick, und ein spannender Kontrast zu den kleinen Ferienhäuschen, in denen die Bewohner vor allem Ruhe suchen und finden.

Das soll auch so bleiben, darin ist sich die Familie Lindgren einig. Tochter Karin Nyman und ihr Mann Carl Olof besitzen ebenfalls hier ein **Ferienhaus,** so wie einige andere Mitglieder

149bu Foto: ws

Saltkrokan

der Familie. Hier trifft man sich im Sommer, die Enkelkinder spielen miteinander, man teilt die Blaubeer- und Pfifferlingsstellen und badet an kleinen Felsen, die von allen „Nordkap“ genannt werden. Hier wird niemals ein Museum entstehen, das Haus soll weiterhin den Enkeln als Feriendomizil dienen. *„Und mir auch“,* sagt **Karin Nyman,** als wir sie an einem strahlend schönen Junitag besuchen dürfen, und sie lächelt ein bisschen. Sie sieht ihrer Mutter sehr ähnlich, und als wir später durch den Ort gehen und in einem Restaurant nach einem Dampferfahrplan fragen, sehen etliche Besucher erstaunt hoch und man sieht es in ihren Köpfen arbeiten: Ist sie es oder nicht? Karin Nyman geht sehr gelassen mit der Tatsache um, eine berühmte Mutter zu haben. Die Natürlichkeit und Bescheidenheit, die der weltbekannten Autorin bis zuletzt geblieben ist, hat der Tochter das Leben mit der Öffentlichkeit wohl erleichtert. Sie selbst arbeitet als Übersetzerin, es sind vor allem ihr Mann Carl Olof und ihr Sohn Nils, die sich um das literarische Erbe kümmern.

Und die Touristen? *„Einmal gab es hier eine Führung, aber die Leute standen vor dem Haus des Bruders“,* erzählen Karin und Carl Olof Nyman ein bisschen amüsiert, und auch wir müssen gestehen, dass wir zunächst das falsche Haus fotografiert haben, weil es etwas repräsentativer war. Größere Touristenströme wird es hier aber ohnehin nicht geben, denn das gibt Furusund nicht her: Es ist kein Ort mit einem Zentrum, es gibt keinen Strandväg zum Bummeln und keine Andenkenläden. Lediglich ein Kiosk mit Cafeteria unten am Yachthafen, in dem die Besitzer der Boote die Dusche benutzen dürfen, ein winziger Antiquitätenladen, das Restaurant Furusunds Värdshus und ein neueres Café-Restaurant an der Mole laden zum Verweilen ein. Literaturfreunde aber werden hier nicht wirklich fündig und für Kinder ist es vielleicht sogar ein bisschen langweilig.

Auch nach unserem Ausflug mit der M/S Viggen nach Norröra und Söderöra waren wir nicht sicher, ob man Saltkrokan überhaupt suchen soll. Wir haben zwar die Fahrt nicht bereut, denn die beiden Inseln und das ganze Schärengebiet sind wunderschön und es war ausgesprochen nett, sich einmal mit anderen Astrid-Lindgren-Fans auszutauschen, doch immer schwang eine kleine Enttäuschung mit. Wer seinen Kindern das Saltkrokan-Gefühl vermitteln möchte, dem bleibt eben nur eines: **ein Ferienhaus mieten** und mindestens drei Wochen dort bleiben. Saltkrokan, das ist sicherlich nicht Sightseeing und eine kleine Weile lang an anderer Leute Sommerhäuser vorbeitrampeln. Saltkrokan, das ist Zeit haben, Faulenzen, Blaubeeren pflücken oder Pfifferlinge sammeln, Barsche angeln, sofern man angeln möchte, lecker essen (nicht unbedingt nach Melchers Art ...), zu jeder Tages- und Nachtzeit baden oder Bootstouren unternehmen, seine Zeit mit der Familie oder mit Freunden verbringen und die wundervolle schwedische Natur genießen.

Praktische Hinweise

Information

- **Turistbyrå Norrtälje:** Danskes gränd 4, Norrtälje, Tel. 0176/71990, www.norrtalje.se
- **Tourveranstalter Allt i Sjötjänst:** Söderöra, 76017 Blidö, Tel. 070/6254401 oder 0176/85091, www.alltisjotjanst.se; geführte Tour von Spillersboda 220 SEK, Kinder (4–13 J.) 50 SEK.
- **Skärgård-Führer Michael Blum:** Tel. 070/4915036 www.michaelblum.dinstudio.se

Anfahrt

- Mit der **M/S Viggen** von Spillersboda Juli bis Mitte August dreimal wöchentlich geführt nach Norröra und Söderöra. Spillersboda erreicht man von Stockholm mit dem Auto in ca. einer Stunde: nach Norden auf der E 18 Richtung Kapellskär, ca. 10 km hinter Norrtälje Abzweigung nach Spillersboda.
- Mit den Schiffen **Sjöbris** oder **Sjögull** direkt von Stockholm (Strömkajen) im Liniendienst Mitte Juni bis Mitte August ein- bis zweimal täglich nach Furusund, Norröra, Söderöra und Rödlöga oder mit dem Bus von Stockholm nach Furusund und weiter mit den Schiffen auf die Inseln (Fahrtdauer je nach Strecke 2,5–4 Stunden, Informationen Tel. 08/6795830, www. waxholmsbolaget.se).
- Im Jubiläumsjahr 2007 gab es zahlreiche **weitere geführte Touren,** unklar ist, was davon ab 2008 weiterhin angeboten wird (www2.norrtalje.se/turist/evenemang/).

Essen

- Kiosk an Bord der Boote, Pizzeria in Spillersboda, Restaurant und gutes Café in Furusund, im Sommer Café Snickargården (Tel. 070/6808634) auf Norröra.

Einkaufen

Lebensmittel in Furusund und Spillersboda, Fischladen auf Söderöra.

Übernachten

- Auf Norröra und Söderöra gibt es nur wenige offiziell zu mietende **Ferienhäuschen,** man kann aber im ganzen Schärengebiet Ferienhäuschen über Veranstalter oder von privat (oft übers Internet) mieten. Für die Hauptsaison sollte man möglichst noch im Winter buchen.

150bu Foto: sc

Besuch in der Villa Kunterbunt

Kneippbyn, der Drehort bei Visby auf Gotland

Astrid Lindgren schreibt:

„Die kleine, kleine Stadt sah sehr hübsch und gemütlich aus mit ihren gepflasterten Straßen, ihren niedrigen kleinen Häusern und ihren Gärten mit den Blumenbeeten. Jeder, der dorthin kam, musste finden, dass es sich hier ruhig und behaglich leben ließ."

„Hinter dem Zaun lag ein verwilderter Garten mit alten moosbedeckten Bäumen und ungemähtem Rasen und einer Menge Blumen, die wuchsen, wie und wo sie Lust hatten. Ganz hinten im Garten stand ein Haus - ach, ach, was war das für ein Haus! Es sah so aus, als ob es jeden Augenblick zusammenfallen wollte."

„Ich bin ein Kind, und das hier ist mein Heim, also ist es ein Kinderheim. Und Platz habe ich hier. Reichlich Platz."

Aus „Pippi Langstrumpf"

151bu Foto: ws

Visby ist eine ausgesprochen stilvolle kleine, kleine Stadt am Meer

Die **Villa Kunterbunt:** Während viele Eltern von frei stehenden Einfamilienhäusern mit sauber geschnittenen Rasenflächen träumen, ist dieses verfallene und mit allerlei Krimskrams angefüllte Haus für viele Kinder das Traumhaus schlechthin. Die meisten von ihnen sind selbst Sachensucher wie Pippi, Tommy und Annika, und ein Haus, in dem sie ihr Chaos ausleben dürften, wäre reine Glückseligkeit. Und zu denken, dass es dieses Haus tatsächlich gibt, dass man es besichtigen kann ...

Um die Villa Kunterbunt zu finden, muss man die Fähre nehmen. Auf **Gotland,** einige Kilometer von der alten **Hansestadt Visby** entfernt, steht nämlich das Haus, das man aus den Filmen von Olle Hellbom kennt. Auch die kopfsteingepflasterten Straßen der mittelalterlichen Stadt kann man in den Filmen entdecken, die zum Teil dort gedreht wurden. Die „kleine, kleine Stadt" könnte durchaus in Visby angesiedelt sein, wenn man nicht wüsste, dass im Grunde Vimmerby die Stadt aller kleinen Städte in Astrid Lindgrens Werk ist.

Visby ist in jedem Fall eine Reise wert, doch natürlich fahren auch wir raus nach **Kneippbyn,** wo sich heute die Villa Kunterbunt in einem großen **Vergnügungspark** befindet. Doch man soll nicht sagen, dass wir nicht gewarnt worden seien: Alle, mit denen wir über die Schauplätze gesprochen hatten, waren entsetzt, wenn das Thema Kneippbyn auf den Tisch kam. *„Man sollte es am besten überhaupt nicht erwähnen"*, hörten wir sowohl von Astrid Lindgrens Tochter Karin Nyman und ihrem Mann Carl Olof als auch von Filmproduzent Waldemar Bergendahl, und Karin Nyman sagt ganz klar: *„Das hatte nicht die Zustimmung meiner Mutter."* Staffan Götestam gar, Theaterleiter und Initiator von Stockholms Junibacken, wurde richtig ärgerlich, als wir nach Kneippbyn fragten. Er wolle ja nicht behaupten, dass er selbst kein Geld an der Vermarktung von Astrid Lindgrens Werk verdiene, aber auf Gotland sei es einfach schlimm: *„Die haben nicht mit dem Gedanken begonnen, wie können wir das Werk Astrid Lindgrens lebendig machen. Die haben mit dem Gedanken begonnen, wie viel Geld können wir aus der Filmkulisse herausholen."* Um es kurz zu sagen: Sie alle haben Recht!

Wer umtriebige Freizeit- und Vergnügungsparks mag, kommt allerdings zunächst einmal auf seine Kosten. Das **„Sommarland"** (Freizeitpark) liegt direkt auf der Steilküste oberhalb des Meeres, und weil wir uns einen strahlend schönen Spätsommertag für unseren Besuch ausgesucht haben, genießen wir einen fantastischen Blick über das blaugrüne Wasser mit seinen kleinen Schaumkrönchen. Wir spendieren heute mal eine „Man kann mit

Vorige Doppelseite: Diese Villa Kunterbunt war die Kulisse für die Außenaufnahmen der Pippi-Filme

152bu Foto: ws

allem fahren“-Karte, und unsere Mädchen, die eher selten in den Genuss eines Vergnügungsparks kommen, sind begeistert: Kanufahren mit Papa, Berg-und-Tal-Bahn, Trampolin, kleine Eisenbahn, Karussell, Kettcar-Bahn und vieles mehr.

Neben dem Sommarland gibt es noch das **Vattenland,** ein Freibad mit etlichen Rutschen. Auch hier ist alles auf „Fun“ ausgerichtet, es gibt kein einziges Becken, das mehr Platz als für nur wenige Schwimmzüge bietet. Dritter Bestandteil Kneippbyns ist ein großer **Camping- und Hüttenplatz,** der älteste Teil der Einrichtung. Hier begann Gründer Einar Nyberg zunächst mit wenigen Touristen und einem Tanzboden.

1970 gelang ihm ein großer Coup, als er die **Villa Villekulla** (Villa Kunterbunt) für 50.000 Kronen kaufen konnte. Das Haus, Baujahr 1910, stand ursprünglich außerhalb der Stadtmauer von Visby auf Militärgelände und wurde während der Dreharbeiten von 1968 bis 1971 genutzt, allerdings nur als Außenkulisse. Die Innenaufnahmen entstanden sämtlich im Studio. Noch während der Dreharbeiten wurde das Gebäude nach Kneippbyn umgesetzt, und heute ist es die Hauptattraktion des Freizeitparks.

Die Villa steht etwas erhöht auf dem Gelände des „Sommarlandes“ und glänzt frisch renoviert in knackigem Gelb und Giftgrün zu uns herüber. Auf der Veranda steht ein **Kleiner Onkel,** auf dem sich die Kleinen fotografieren lassen können. Für dieses Haustier der ungewöhnlichen Art gab es übrigens ein leibhaftiges Vorbild: Auf der Insel Furusund, Astrid Lindgrens Feriendomizil, wohnte eine Frau, die ihr Pferd auf der Veranda hielt. Vor der Villa Kunterbunt in Kneippbyn steht auch ein Modell der **Hoppetosse,** auf dem die Kinder gerne herumklettern. In der Hauptsaison kann man Pippi selbst treffen, die vor der Villa zu einer „sångstund“, einer Musik- und Theatereinlage, einlädt. Und das Haus? Im Eingang hängen Fotos von der Verfilmung, vom Band wird wieder und wieder „Här kommer Pippi Långstrump“ gedudelt, im Erdgeschoss sehen wir Pippis Bett und einen großen Raum, mit unzähligen Kleinigkeiten angefüllt. Weshalb nur haben wir das Gefühl, dass es nicht stimmig ist, dass viele Dinge nichts mit Pippi zu tun haben können? Wir empfinden alles als lieblos und undurchdacht.

Eine der vielen Attraktionen im Freizeitpark Sommarland

Auf der Hoppetosse lässt sich mit Blick aufs Meer wunderbar Seeräuber spielen

153bu Foto: ws

154bu Foto: ws

Im oberen Stock sitzt Astrid Lindgren als **Wachsfigur** und „liest" aus Pippi vor. Es ist ihre Stimme, und dennoch: Der kurze Abschnitt wird wieder und wieder abgespielt, bis einem sogar die Autorin leicht auf die Nerven geht. Und die kleine Informationstafel davor? Schlicht und einfach falsch, denn Pippi war nicht ihr erstes veröffentlichtes Buch, das war „Britt-Mari erleichtert ihr Herz". Aber das ist heute nicht mehr so bekannt, also lässt man es einfach unter den Tisch fallen. Und natürlich stimmt es, dass Tochter Karin, als sie einmal krank war, den Anstoß zu diesem für die Kinderliteratur so wichtigen Buch gab. Aber muss man das in so dürren Worten erzählen wie in Kneippbyn? Wo bleibt der Zauber, den man überall sonst, wo man auf Astrid Lindgrens Spuren reist, empfindet?

Selten ohne Reiter: der Kleine Onkel auf der Veranda der Villa Kunterbunt

Der erste Entwurf einer Pippi Langstrumpf, von der Autorin selbst gezeichnet

Hören wir doch einmal, wie Astrid Lindgren diese Episode ihres Lebens selber schildert, in ihrem Erzählband „Das entschwundene Land": *„1941 lag meine Tochter Karin krank im Bett, und eines Abends sagte sie: ‚Erzähl mir was von Pippi Langstrumpf.' Es war ein Na-*

me, der ihr gerade in diesem Augenblick durch ihren fieberheißen Kopf geschossen war. Ich tat ihr den Gefallen und dachte mir eine närrische Range aus, die zu dem Namen passen konnte, und musste bald entdecken, dass uns eine Pippi ins Haus geschneit war, die wir nicht wieder loswerden konnten. 1945 wurde sie gedruckt, einerseits abgelehnt, andererseits preisgekrönt, jedenfalls lag sie plötzlich in den Buchhandlungen. Manche hielten sie für ‚etwas Unbehagliches, das an der Seele kratzt', andere schlossen sie seltsamerweise in ihr Herz. Die Kinder taten es, und für sie hatte ich ja geschrieben. Oder, richtiger gesagt, für das Kind in mir, das noch immer nach Büchern hungert. Dieses Kind entdeckte mit Jubel – ja du liebe Zeit! – Bücher schreiben macht ja genauso viel Spaß wie sie lesen!"

Und so war der Grund dafür gelegt, dass Astrid Lindgren Schriftstellerin wurde. In Kneippbyn kann man davon aber nichts erfahren. Und als wir unseren Rundgang fortsetzen, wird es richtig schlimm: Der Dachboden wurde als eine Art **Geisterbahn** inszeniert, mit wackelnden Puppenköpfen, rot glühenden Augen und kleinen Figuren überall, die sich bewegen. Von hier aus dürfen die Kinder über eine Rutsche ins Freie, und wir Erwachsenen sind heilfroh, diesem Ärgernis zu entrinnen. Selbst unsere Kinder sind nicht angetan. „Es hat Spaß gemacht, aber mit Astrid Lindgren und Pippi hat das nicht viel zu tun", meint die Ältere kritisch, und die Jüngere findet die leuchtende und blinkende Pippi-Figur im

155bu Foto: sc

Geisterzimmer absolut schrecklich. Doch beim nächsten Kinobesuch sind sie wieder ganz und gar dabei, und die Bücher werden zu Hause nach wie vor gerne in die Hand genommen. Glücklicherweise vergessen Kinder schnell, was ihnen nicht erinnerungswürdig erscheint.

Unser Fazit für Pippi-Fans: Wer nicht unbedingt die „Original-Villa" sehen muss, der sollte Kneippbyn vergessen. Man kann das „stärkste Mädchen der Welt" in Vimmerbys Astrid Lindgrens Welt oder in Stockholms Junibacken viel authentischer erleben.

Oder man besorgt sich eine Ausgabe mit den Zeichnungen der dänischen Illustratorin **Ingrid Vang Nyman,** deren Pippi-Figur bis heute bei

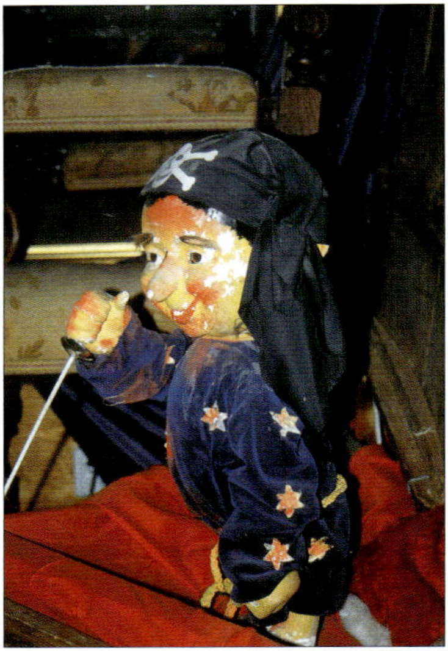

den meisten Schweden als die einzig wahre gilt. Die junge Frau hatte 1945 den Auftrag bekommen, nach Astrids eigener Zeichnung eine Probe abzuliefern, und als die Autorin die Entwürfe sah, sagten sie ihr sofort zu. Auch von der Kritik wurden die Bilder als kongenial beurteilt. Trotz des großen Erfolges wurde Ingrid Vang Nyman, von der auch die ersten Bullerbü-Illustrationen stammen, nicht sehr bekannt. In Deutschland gibt es heute von ihr drei Bilderbücher: „Kennst du Pippi Langstrumpf?", „Pippi im Park" und „Pippi fährt nach Taka-Tuka-Land" (alle bei Oetinger). Erst in den 1990er Jahren wurde die Genialität der früh verstorbenen Künstlerin (1959) erkannt. *„Sie war definitiv ihrer Zeit voraus!"*, urteilt Kerstin Kvint, die lange Zeit als Privatsekretärin und Auslandsagentin für Astrid Lindgren arbeitete.

Für die Übersetzungen in andere Sprachen wurden meist weniger sperrige Illustratoren beschäftigt. In Deutschland waren dies für Pippi Walter Scharnweber und Rolf Rettich und in jüngster Zeit Katrin Engelking. Es war ja schon mutig genug von dem jungen **Verleger Friedrich Oetinger,** der eigentlich soziologische und Wirtschaftsliteratur herausgab, das Kinderbuch einer jungen Autorin aus Schweden zu veröffentlichen, das bereits von fünf deutschen Verlagen abgelehnt worden war. Als er während einer Schwedenreise in einer Stockholmer Buchhandlung zufällig auf das Buch stieß, vermittelte der Buchhändler die Bekanntschaft mit Astrid Lindgren. Friedrich Oetinger bat die Autorin um eine Option für „Pippi", und diese sagte „Von mir aus gerne". Damit begann eine lebenslange Freundschaft zwischen der Autorin und Friedrich und Heidi Oetinger. Diese kleine Episode hatte ungeahnte Folgen, nicht nur für den Verlag, der sich damit zum Kinderbuchverlag wandelte, sondern für die gesamte Kinderliteratur in Deutschland.

Die Geisterbahn in der Villa Kunterbunt hat mit Pippi nicht das geringste zu tun.

Praktische Hinweise

Information

- Kneippbyn 15, 62261 Visby, Tel. 0498/296150, Fax 0498/251015, www.kneippbyn.se (auch deutschsprachig).
- Wer sich näher mit dem Buch beschäftigen will, hat seit dem Jubiläumsjahr auch die Gelegenheit, die **„Ur-Pippi"**, die erste Version, auf deutsch zu lesen. Bei einem Vergleich haben Literaturwissenschaftlerinnen wie Ulla Lundqvist in Schweden oder Astrid Surmatz in Deutschland festgestellt, dass die ursprüngliche Pippi mit ihren Nonsense-Versen lustiger und respektloser, aber auch eckiger und etwas gröber ist.

Anfahrt

- **Kneippbyn** liegt ca. 3 km südlich von Visby, die Abzweigung von der Straße nach Klintehamn ist ausgeschildert. Im Sommer (Juni bis Mitte August) gibt es einen regelmäßigen Busverkehr.
- Fähre nach **Gotland** siehe www.destinationgotland.se

Öffnungszeiten

- Mitte Mai bis Ende August 10–17 Uhr, Ende Juni bis Mitte August (Hochsaison) bis 18 Uhr.

Eintritt

- Gleicher Preis für Kinder (ab 3 Jahre) und Erwachsene. Für **Sommar- & Vattenland** (Freizeitpark und Spaßbad) zusammen in der Hochsaison mit allen Attraktionen 195 SEK. In der Nebensaison 125 SEK, allerdings ist dann auch das Angebot an Attraktionen und Veranstaltungen eingeschränkt.

Essen und Einkaufen

- Es gibt ein Restaurant (Tel. 08/6795830) und mehrere Imbissbuden, akzeptable Preise.
- Souvenirshop und Lebensmittelgeschäft.

Übernachten

- **Kneippbyn** hat ein eigenes Hotel, Ferienhäuschen, Hütten und einen Campingplatz (Info siehe oben), alles in Meernähe.
- Stilvoller wohnt man in **Visby** selbst.

157bu Foto: ws

Schlusswort

Nun haben wir unsere Reise auf den Spuren von Astrid Lindgren beendet, haben unterwegs viele Menschen, Landschaften und Städte kennen gelernt und sind nicht zuletzt der Autorin und ihren Werken noch ein Stückchen näher gekommen. Das Abenteuer Reisen, sei es unterwegs, sei es zu Hause auf dem Sofa mit einem Buch in der Hand, macht Freude und man ist traurig, wenn es beendet ist. Das grenzenloseste aller Abenteuer aber, so hat Astrid Lindgren einmal gesagt, ist das Lesen. Und so beenden wir unser Buch mit dem Auszug aus einer Rede, die die Schriftstellerin 1958 hielt, als sie in Florenz die Hans-Christian-Andersen-Medaille in Empfang nahm:

„Ein Kind allein mit seinem Buch erschafft sich irgendwo in den geheimen Kammern der Seele Bilder, die alles andere übertreffen. Solche Bilder sind für den Menschen notwendig. An dem Tag, da die Fantasie des Kindes sie nicht mehr zu erschaffen vermag, wird die Menschheit arm. Alles Große, das in der Welt vollbracht wurde, spielt sich zuerst in der Fantasie eines Menschen ab, und wie die Welt von morgen aussehen wird, hängt zum großen Teil vom Maß der Einbildungskraft jener ab, die heute lesen lernen. Deshalb brauchen Kinder Bücher."

158bu Foto: ws

Anhang

Biografie

1907 14. November; als zweites Kind Astrid Anna Emilia Ericsson des Pfarrhofpächters Samuel August Ericsson und seiner Frau Hanna geboren; Geburtsort Näs bei Vimmerby, Småland; Geschwister Gunnar (geboren 1906), Stina (geboren 1911) und Ingegerd (geboren 1916)

1920 Umzug aus dem kleinen roten Pachthaus in ein neues, größeres (heute gelbes) Haus

1921 Erster Text in der „Wimmerby Tidning" veröffentlicht: „Auf unserem Hof"

1924 Beginn eines Volontariats bei der „Wimmerby Tidning" in Vimmerby

159bu Foto: sc

1926 Schwangerschaft; Beginn der Sekretärinnen-Ausbildung in Stockholm; Dezember 1926 Geburt des unehelichen Sohnes Lars in Kopenhagen; er verbringt seine ersten drei Lebensjahre bei Pflegeeltern in Dänemark

1927 Erste Stelle als Sekretärin bei der Radioabteilung der Schwedischen Buchhandelszentrale

1928 Sekretärin im Königlichen Automobilklub, wo ihr zukünftiger Mann, Sture Lindgren, erst als Bürovorsteher und später als Direktor tätig ist

1930 Lars zieht für ein Jahr zu den Großeltern nach Vimmerby

1931 Heirat mit Sture Lindgren; neben der Tätigkeit als Mutter freiberufliche Redakteurin für den Automobilklub

1934 Im Mai Geburt der Tochter Karin; Beginn von Veröffentlichungen von Märchen in Zeitschriften; Arbeit als freiberufliche Stenografin und Sekretärin

1937 Sekretärin bei dem Kriminalisten Harry Söderman

1940 Beginn der Kriegsdienstarbeit in der Abteilung für Briefzensur des Nachrichtendienstes

1941 Umzug der Familie Lindgren von der Vulcanusgatan in die Dalagatan 46, in der Astrid Lindgren bis zu ihrem Tod wohnen wird

1944 Die Geschichte von Pippi Langstrumpf entsteht als Geburtstagsgeschenk für Tochter Karin; das Manuskript wird von

160bu Foto: sc

Eine kleine Fotoausstellung, die früher in Junibacken zu sehen war, zeigt die Autorin unter anderem als Mutter von zwei Kindern. Das Schönste am Erwachsenwerden", so schrieb sie einmal, „war es, Mama zu werden".

einem Verlag abgelehnt; Gewinn des zweiten Preises in einem Wettbewerb des Verlags Rabén & Sjögren mit dem Mädchenbuch „Britt-Mari erleichtert ihr Herz"

1945 „Kerstin und ich"; Erster Preis in einem Wettbewerb des Verlags Rabén & Sjögren für „Pippi Langstrumpf"

1946 „Pippi Langstrumpf geht an Bord", „Kalle Blomquist – Meis-

Ein anderes Bild der Ausstellung zeigte Astrid Lindgrens Vater: „Papa Samuel August bedeutete viel für die kleine Astrid"

terdetektiv" (1. Preis in einem Wettbewerb des Verlags Rabén & Sjögren in der Kategorie Jugendkrimis); Beginn der Halbtagstätigkeit als Lektorin im Verlag Rabén & Sjögren. Astrid Lindgren baut dort die Kinderbuchabteilung auf. Erhält den Literaturpreis der Zeitung „Svenska Dagbladet" für „Pippi Langstrumpf"

1947 „Wir Kinder aus Bullerbü"; Reise nach England; „Kalle Blomquist" ist erste Lindgren-Verfilmung

1948 „Pippi in Taka-Tuka-Land"; Reise in die USA

1949 „Mehr von uns Kindern aus Bullerbü"; Der Hamburger Verleger Friedrich Oetinger und Astrid Lindgren lernen sich in Stockholm kennen; die deutsche Erstausgabe von „Pippi Langstrumpf" erscheint im Herbst; Beginn der lebenslangen Freundschaft mit Friedrich und Heidi Oetinger und der intensiven Zusammenarbeit mit dem Oetinger Verlag

1950 „Kati in Amerika"; Nils-Holgersson-Preis für „Im Wald sind keine Räuber"

1951 „Kalle Blomquist lebt gefährlich"

1952 „Kati in Italien", „Immer lustig in Bullerbü"; Tod des Ehemanns Sture Lindgren

1953 „Kalle Blomquist, Eva-Lotte und Rasmus"; Erste offizielle Lesereise nach Deutschland

1954 „Kati in Paris"; „Mio, mein Mio"

1955 „Karlsson vom Dach"

1956 „Rasmus und der Landstreicher"; Prämie des Deutschen Jugendliteraturpreises für „Mio, mein Mio"

1957 „Rasmus, Pontus und der Schwertschlucker"

1958 „Die Kinder aus der Krachmacherstraße"; Für „Rasmus und der Landstreicher" und das Gesamtwerk wird Astrid Lindgren mit dem Internationalen Jugendbuchpreis (Hans-Christian-Andersen-Medaille) ausgezeichnet

1960 „Madita"

1961 „Lotta zieht um"

1962 „Karlsson fliegt wieder"

1963 „Michel in der Suppenschüssel"; Wahl als Mitglied auf Lebenszeit in die literarische Gesellschaft „Samfundet de Nio" (Gesellschaft der Neun), einer Initiative gegen die Exklusivität der schwedischen (Nobelpreis-)Akademie

1964 „Ferien auf Saltkrokan"

1965 Schwedischer Staatspreis für Literatur für das Gesamtwerk; Kauf des Geburtshauses in Näs

1966 „Michel muss mehr Männchen machen"; erste deutsche Astrid-Lindgren-Schule (Berlin)

1967 Die Verlage Rabén & Sjögren und Friedrich Oetinger stiften zu Ehren der Autorin einen deutschen und einen schwedischen Astrid-Lindgren-Preis; Reise in die Sowjetunion

1968 „Der beste Karlsson der Welt"

1970 „Michel bringt die Welt in Ordnung"; Pensionierung

1971 Große Goldmedaille der Schwedischen Akademie für Literatur

1973 „Die Brüder Löwenherz"

1975 „Das entschwundene Land"

1976 „Madita und Pims"; Mit ihrem Steuermärchen „Pomperipossa in Monismanien" trägt die Autorin dazu bei, dass die regierenden Sozialdemokraten zum ersten Mal nach 44 Jahren in die Opposition gehen müssen

1978 Als erster Kinderbuchautor mit dem Friedenspreis des Deutschen Buchhandels ausgezeichnet; Dankesrede „Niemals Gewalt"

1981 „Ronja Räubertochter", das letzte große Werk

1985 Beginn des Engagements für den Tierschutz, gemeinsam mit der Tierärztin Kristina Forslund

1986 Tod des Sohnes Lars; Verleihung des Selma-Lagerlöf-Literaturpreises

1987 Briefwechsel mit Michail Gorbatschow zum Thema Frieden. Als erste Autorin mit dem sowjetischen Leo-Tolstoi-Preis ausgezeichnet

1988 Aufgrund ihres Engagements tritt in Schweden ein neues, verbessertes Tierschutzgesetz in Kraft

1989 Einweihung von „Astrid Lindgrens Welt" in Vimmerby

1990 „Meine Kuh will auch Spaß haben"

1992 Verleihung des International Book Award/Deutscher Videopreis

161bu

1994 Alternativer Nobelpreis (The Right Livelihood Honorary Award), verliehen im schwedischen Parlament

1996 Einweihung von „Junibacken" in Stockholm in Anwesenheit der schwedischen Königsfamilie

1997 90. Geburtstag im engsten Familienkreis; bei einer offiziellen Feier in Vimmerby übergibt Staatsminister Göran Persson eine Geldsumme von 7,5 Millionen Kronen (entspricht der Summe des Nobelpreises) für die Einrichtung des Astrid Lindgren Gården in Vimmerby; in einer Umfrage der Zeitung „Expressen" wird die Kinderbuchautorin zur „Schwedin des Jahres in der Welt" gekürt und erhält die Ehrenauszeichnung aus der Hand der schwedischen Kronprinzessin

1999 In einer Umfrage der Tageszeitung „Expressen" zur beliebtesten Schwedin des Jahrhunderts gewählt

2002 28. Januar Tod im Alter von 94 Jahren in ihrer Stockholmer Wohnung

Glossar: Bücher, Filme und ihre Schauplätze

In diesem Glossar haben wir die Bücher Astrid Lindgrens gruppiert nach Themenkreisen zusammengestellt, chronologisch nach dem Erscheinungsjahr der schwedischen Originalausgabe des jeweils ersten Buches sortiert. Also stehen beispielsweise alle Pippi-Bücher zusammen bei 1945, auch wenn einzelne Pippi-Titel erst in den 1970ern erschienen sind. Sammelbände sind nur in Auswahl, Theaterstücke überhaupt nicht aufgeführt. Mehr Informationen stehen auf den Homepages der Verlage Rabén und Sjögren (www.raben.se) und Oetinger (www.oetinger.de sowie www.kindertheater.de).

Vermerkt ist jeweils der deutsche Titel mit Erscheinungsjahr (Originaltitel und -erscheinungsjahr in Klammern), dann ein Hinweis auf den Schauplatz in Schweden.

Danach folgt ggf. eine Auswahl an Verfilmungen (Regisseur) und Drehorten, insbesondere dann, wenn man dort heute noch etwas davon erleben kann. Ein Teil der Filme wurde in den Stockholmer Studios von Svensk Filmindustri im Nordwesten der Stadt gedreht. Dort gibt es zwar auch Führungen, aber nicht speziell zu Astrid Lindgren (Svensk Filmindustri, Greta Garbos Väg 13, 16963 Solna, Tel. 08/6803500, Fax 08/6803783, www.sfsales.net, auf der Homepage findet man Informationen zu den Filmen, nicht zu den Studios).

Falls uns der eine oder andere interessante Schauplatz entgangen sein sollte, freuen wir uns über einen Hinweis an den Verlag.

Britt-Mari erleichtert ihr Herz

(Britt-Mari lättar sitt hjärta, 1944), erschienen 1954

Schauplatz ist der fiktive Ort „Småstad" („Kleinstadt"), der aber durchaus Züge von Vimmerby trägt.

Kerstin und ich

(Kerstin och jag, 1945), erschienen 1953

Schauplatz ist anfangs Stockholm, Breite Straße, dann ein wohl fiktives Gut in Mittelschweden.

Pippi Langstrumpf

(Pippi Långstrump, 1945), erschienen 1949

Pippi Langstrumpf geht an Bord (Pippi Långstrump går ombord, 1946), erschienen 1950

Schauplatz ist jeweils eine fiktive schwedische Kleinstadt am Meer, die aber durchaus Züge von Vimmerby trägt (siehe Kapitel „Kneippbyn").

Pippi in Taka-Tuka-Land (Pippi Långstrump i Söderhavet, 1948), erschienen 1951

Schauplatz ist anfangs die Kleinstadt, dann eine fiktive Insel in der Südsee.

162bu Foto: ws

Pippi plündert den Weihnachtsbaum (Pippi Långstrump har julgransplundring, 1979), erschienen 1981

Schauplatz ist wieder die Villa am Rande der Kleinstadt.

Zusätzlich gibt es zu Pippi Langstrumpf zahlreiche Bilderbücher, einen Sammelband „Pippi Langstrumpf", Theaterstücke und Lieder.

Filme

Pippi Langstrumpf (1949, Per Gunvall). Dieser Film entfernte sich so weit vom Originalmanuskript, dass Astrid Lindgren beschloss, zukünftig an allen Filmen mitzuarbeiten.

Pippi Langstrumpf (1968/69), Pippi geht von Bord (1969), Pippi in Taka-Tuka-Land (1970), Pippi außer Rand und Band (1970), Hier kommt Pippi Langstrumpf (1973), Regie alle Olle Hellbom, Drehorte u.a. in und bei Visby auf Gotland (siehe Kapitel „Kneippbyn").

Kalle Blomquist – Meisterdetektiv

(Mästerdetektiven Blomkvist, 1946), erschienen 1950 als Meisterdetektiv Blomquist

Lindgren-Skulptur auf dem Gelände der Svensk Filmindustri

Kalle Blomquist lebt gefährlich (Mästerdetektiven Blomkvist lever farligt, 1951), erschienen 1951

Kalle Blomquist, Eva-Lotte und Rasmus, jetzt: Kalle Blomquist, Eva-Lotta und Rasmus (Kalle Blomkvist och Rasmus, 1953), erschienen 1954

Schauplatz ist die fiktive Kleinstadt Kleinköping, auch hier sind die Bezüge zu Vimmerby aber deutlich (siehe Kapitel „Vimmerby").

Zusätzlich gibt es zu Kalle Blomquist einen Sammelband „Kalle Blomquist" und ein Theaterstück.

Filme

Meisterdetektiv Blomquist (1947, Rolf Husberg), Verfilmung von Bd. 1

Kalle Blomquist lebt gefährlich (1953, Rolf Husberg), Bd. 3, die Husberg-Filme wurden in und um Sala, Västmanland, eingespielt.

Kalle Blomquist – sein schwerster Fall (1957, Olle Hellbom), Bd. 2

Kalle Blomquist lebt gefährlich (1996, Göran Carmback), Bd. 2

Kalle Blomquist: sein neuester Fall (1997, Göran Carmback), Bd. 3, die Carmback-Filme wurden u.a. in Norrtälje gedreht.

Wir Kinder aus Bullerbü

(Alla vi barn i Bullerbyn, 1947), erschienen 1954

Mehr von uns Kindern aus Bullerbü (Mera om oss barn i Bullerbyn, 1949), erschienen 1955

Immer lustig in Bullerbü (Bara roligt i Bullerbyn, 1952), erschienen 1956

Schauplatz ist ein winziges Dorf in Småland, das ganz eindeutig Züge von Sevedstorp trägt (siehe Kapitel „Sevedstorp").

Zusätzlich gibt es zu Bullerbü einige Bilderbücher, einen Sammelband „Die Kinder aus Bullerbü" und Lieder.

Filme

Ein Wiedersehen auf Bullerbü (1960), Die Kinder von Bullerbü (1961, beide Olle Hellbom); Außenaufnahmen auf Väddö/Roslagen, nördlich von Norrtälje; dort ist aber heute nichts mehr zu sehen.

Wir Kinder aus Bullerbü (1986), Neues von uns Kindern aus Bullerbü (1987, beide Lasse Hallström); diese Filme wurden in Sevedstorp gedreht (siehe Kapitel „Sevedstorp").

Im Wald sind keine Räuber

(Nils Karlsson-Pyssling, 1949), erschienen 1952

Eine Sammlung kürzerer Geschichten, die später teilweise auch in dem Band „Märchen" und als Bilderbücher veröffentlicht wurden. Eine Geschichte daraus, „Peter und Petra", spielt im Vasapark, eine andere, „Im Land der Dämmerung", in der gesamten Stockholmer Innenstadt (siehe Kapitel „Stockholm").

Filme (Auswahl)

Nils Karlsson-Däumling (1990, Staffan Götestam)

Peter und Petra (1989, Agneta Elers-Jarlemann)

Sammelaugust und andere Kinder

(Kajsa Kavat och andra barn, 1950), erschienen 1952, eine weitere Geschichtensammlung.

Film

Polly hilft der Großmutter (1988, Daniel Bergmann)

Kati in Amerika

(Kati i Amerika, 1950), erschienen 1952

Kati in Italien (Kati på Kaptensgatan, 1952 im Bonniers Bokförlag und 1971 unter dem Titel „Kati i Italien" bei Rabén & Sjögren), erschienen 1953

Kati in Paris (Kati i Paris, 1954), erschienen 1954

In den Kati-Bänden sind alle Schauplätze real, in Stockholm ist Katis Wohnung in der Kaptensgatan, Östermalm, ihre Arbeitsstelle in der Kungsgatan, Norrmalm (siehe Kapitel „Stockholm").

Mio, mein Mio

(Mio, min Mio, 1954), erschienen 1955

Die Haupthandlung hat keinen realen Schauplatz, aber die Rahmenhandlung spielt in Stockholm: Bosse wohnt in der Upplandsgatan 13, er begegnet im Tegnérpark dem Geist aus der Flasche (siehe Kapitel „Stockholm").

Film

Mio, mein Mio (1987, Vladimir Grammatikov), gedreht überwiegend in Russland aber auch an Schauplätzen in Schottland

Karlsson vom Dach

(Lillebror och Karlsson på taket, 1955), erschienen 1956

Karlsson fliegt wieder (Karlsson på taket flyger igen, 1962), erschienen 1963

Der beste Karlsson der Welt (Karlsson på taket smyger igen, 1968), erschienen 1968

Karlsson spielt im Vasaviertel in Stockholm, eine genaue Adresse gibt es aber nicht (siehe Kapitel „Stockholm").

Zusätzlich gibt es einen Sammelband „Karlsson vom Dach".

Filme

Karlsson auf dem Dach (1974, Olle Hellbom), wurde überwiegend im Studio gedreht

Karlsson vom Dach (2002, Vibeke Idsøe), Zeichentrickfilm mit Bildern nach Ilon Wikland

Rasmus und der Landstreicher

(Rasmus på luffen, 1956), erschienen 1957

Die Schauplätze des Buches sind irgendwo in Südschweden, aber nicht genau lokalisierbar.

Filme

Rasmus und der Vagabund (1955, Rolf Husberg)

Rasmus und der Vagabund (1981, Olle Hellbom), teilweise in Linköping gedreht

Diese Filme wurden zum großen Teil in Astrid Lindgrens Welt gedreht (siehe Kapitel „Astrid Lindgrens Welt"), mindestens eine Szene wurde in Lunds By, einem sehr hübschen Ort zwischen Vimmerby und Västervik, gedreht.

Rasmus, Pontus und der Schwertschlucker

(Rasmus, Pontus och Toker, 1957), erschienen 1958

Schauplatz ist die Kleinstadt Västanvik. Es gibt zwar in Schweden mehrere Orte dieses Namens, trotzdem scheint dieses Västanvik im Buch eher fiktiv zu sein.

Film

Kalle und das geheimnisvolle Karussell (1955, Stig Olin), der Film ist die Schwertschluckergeschichte, auch wenn der deutsche Titel auf Kalle verweist. Er wurde überwiegend im Studio gedreht.

Die Kinder aus der Krachmacherstraße

(Barnen på Bråkmakargatan, 1958), erschienen 1957

Lotta zieht um (Lotta på Bråkmakargatan, 1961), erschienen 1962

Zusätzlich drei Bilderbücher.

Filme

Lotta aus der Krachmacherstraße (1992, Johanna Hald)

Lotta zieht um (1993, Johanna Hald).

Klingt meine Linde

(Sunnanäng, 1959), erschienen 1960, eine Sammlung von vier eher traurigen Geschichten, ohne reale Schauplätze.

Madita

(Madicken, 1960), erschienen 1961

Madita und Pims (Madicken och Junibackens Pims, 1976), erschienen 1976

Der Schauplatz Birkenlund (schwed. Junibacken) ist ein Anwesen am Rande einer Stadt, die Züge von Vimmerby trägt. Das Museum Junibacken in Stockholm ist danach benannt (siehe Kapitel „Junibacken").

Zusätzlich gibt es zu Madita einige kleinere Bücher, Bilderbücher und einen Sammelband „Madita".

Filme

Madita (1979) und Madita und Pim (1980, beide Göran Graffman), die Straßenaufnahmen wurden zum Großteil in Söderköping gedreht (siehe Kapitel „Söderköping").

Michel in der Suppenschüssel

(Emil i Lönneberga, 1963), erschienen 1964

Michel muß mehr Männchen machen, jetzt: Michel muss mehr Männchen machen (Nya hyss av Emil i Lönneberga, 1966), erschienen 1966

Michel bringt die Welt in Ordnung (Än lever Emil i Lönneberga, 1970), erschienen 1970

Die Orte aus den Michel-Büchern sind alle wiederzufinden, die Schauplätze nur zum Teil: Vimmerby (Jahrmarkt und Rindermarkt), Mariannelund (Arzt), Hultsfred (Festwiese) und Lönneberga (siehe Kapitel „Vimmerby" und „Katthult").

Zu Michel gibt es zusätzlich einige kleinere Bücher, Bilderbücher und den Sammelband „Immer dieser Michel".

Filme

Michel in der Suppenschüssel (1971), Michel muß mehr Männchen machen (1972), Michel bringt die Welt in Ordnung (1973, alle Olle Hellbom). Ein Großteil der Filme wurde auf dem Hof Katthult in Gibberyd, Rumskulla, gedreht (siehe Kapitel „Katthult").

Ferien auf Saltkrokan

(Vi på Saltkråkan, 1964), erschienen 1965

Jule und die Seeräuber (Skrållan och sjörövarna, 1967, Fotobilderbuch nach dem Film), erschienen 1968

Die Insel Saltkrokan existiert nicht in Wirklichkeit, aber einige wenige reale Orte, die im Buch genannt werden (Söderöra, Furusund, Rödlöga), machen deutlich, dass das Buch in den Schären nördlich von Stockholm spielt, ungefähr dort, wo auch die Filme gedreht wurden.

Filme

Bootsmann und Moses (Saltkrokan II, 1964)

Das Trollkind (Saltkrokan III, 1965)

Die Seeräuber von Saltkrokan (Saltkrokan IV, 1966, auch auf den Ålandinseln gedreht)

Glückliche Heimkehr (Saltkrokan V, 1967)

Ferien auf Saltkrokan (Saltkrokan I, 1968 als Kinofilm, 1964 bereits als Fernsehserie)

Die Außenaufnahmen für den Großteil der Filme (Regie alle Olle Hellbom) wurden auf den Schäreninseln Norröra, Söderöra und Rödlöga gedreht (siehe Kapitel „Schären").

Die Brüder Löwenherz

(Bröderna Lejonhjärta, 1973), erschienen 1974.

Bis auf die ersten Szenen in einer realen Stadt spielt das ganze Buch in einer Fantasiewelt, auch wenn sich Astrid Lindgren Anregungen aus der schwedischen Natur geholt hat, etwa vom värmländischen See Fryken.

Film

Die Brüder Löwenherz (1977, Olle Hellbom). Die Außenaufnahmen sind größtenteils in Århus und Odense in Dänemark, auf Island und in Schonen entstanden.

Das entschwundene Land

(Samuel August från Sevedstorp och Hanna i Hult, 1975), erschienen 1977.

Da dieses Buch autobiografisch ist, sind natürlich auch die Schauplätze real (siehe Kapitel „Samuel August" und „Vimmerby").

Ronja Räubertochter

(Ronja Rövardotter, 1981), erschienen 1982.

Das Buch spielt in einem Fantasiewald.

Film

Ronja Räubertochter (Tage Danielsson, 1984). Die meisten Außenaufnahmen wurden bei Åmål in Dalsland gemacht (siehe Kapitel „Åmål"), die Szenen an Fluss und Wasserfall wurden in Nordschweden am Gaustfallet in Jämtland gedreht, die Geschichte mit den Rumpelwichten auf der Insel Hallands Väderö an der Westküste.

Der Räuber Assar Bubbla

(Assar Bubbla, 1987), erschienen 1989, Neuauflage in Vorbereitung. Diese Geschichte spielt in Stockholm. Es geht um einen Räuber, durch dessen Verschulden beinahe das Pippi-Buch nicht veröffentlicht worden wäre. Glücklicherweise hilft die Hauptfigur des Buches selber bei der Rettung des Manuskripts.

Bücher über Astrid Lindgren

Wer sich etwas mehr über das Leben der Autorin informieren möchte, dem sei eine kleine Auswahl an Büchern empfohlen:

Kerstin Ljunggren: **„Besuch bei Astrid Lindgren"** (Oetinger), Taschenbuch für Kinder;

Lena Törnqvist: **„Astrid aus Vimmerby"** (Oetinger), Kurzbiografie mit Fotos und Illustrationen, atmosphärisch gelungen, für Kinder wie für Erwachsene geeignet;

Sybil Gräfin Schönfeldt: **„Astrid Lindgren"** (Rowohlt), gut geschriebene Bildmonografie;

Margareta Strömstedt: **„Astrid Lindgren. Ein Lebensbild"** (Oetinger), umfassende Biografie für Erwachsene;

Jakob Forsell/Johan Erséus/ Margareta Strömstedt: **Astrid Lindgren. Bilder ihres Lebens"** (Oetinger), opulenter Bildband;

Petter Karlsson/Johan Erséus: **„Von Pippi, Michel, Karlsson & Co. Astrid Lindgrens Fimwelt"** (Oetinger), alles über die Filme mit vielen Fotos und Anekdoten;

„Hej, Pippi Langstrumpf! Das Große Astrid Lindgren-Liederbuch" (Oetinger), schön bebilderte Liedauswahl.

HILFE!

Dieses Reisehandbuch ist gespickt mit unzähligen Adressen, Preisen, Tipps und Infos. Nur vor Ort kann überprüft werden, was noch stimmt, was sich verändert hat, ob Preise gestiegen oder gefallen sind, ob ein Hotel, ein Restaurant immer noch empfehlenswert ist oder nicht mehr, ob ein Ziel noch oder jetzt erreichbar ist, ob es eine lohnende Alternative gibt usw.

Unsere Autoren sind zwar stetig unterwegs und versuchen, alle zwei Jahre eine komplette Aktualisierung zu erstellen, aber auf die Mithilfe von Reisenden können sie nicht verzichten.

Darum: Schreiben Sie uns, was sich geändert hat, was besser sein könnte, was gestrichen bzw. ergänzt werden soll. Nur so bleibt dieses Buch immer aktuell und zuverlässig. Wenn sich die Infos direkt auf das Buch beziehen, würde die Seitenangabe uns die Arbeit sehr erleichtern. Gut verwertbare Informationen belohnt der Verlag mit einem Sprechführer Ihrer Wahl aus der über 200 Bände umfassenden Reihe „Kauderwelsch“ (siehe unten).

Bitte schreiben Sie an:

REISE KNOW-HOW Verlag Peter Rump GmbH, Postfach 140666, D-33626 Bielefeld, oder per E-Mail an: info@reise-know-how.de

Danke!

Kauderwelsch-Sprechführer – sprechen und verstehen rund um den Globus

Afrikaans • Albanisch • Amerikanisch – *American Slang, More American Slang,* Amerikanisch oder Britisch? • Amharisch • Arabisch – Hocharabisch, für Ägypten, Algerien, Golfstaaten, Irak, Jemen, Marokko, • Palästina & Syrien, Sudan, Tunesien • Armenisch • *Bairisch* • Balinesisch • Baskisch • Bengali • *Berlinerisch* • Brasilianisch • Bulgarisch • Burmesisch • Cebuano • Chinesisch – Hochchinesisch, kulinarisch • Dänisch • Deutsch – *Allemand, Almanca, Duits, German, Nemjetzkii, Tedesco* • *Elsässisch* • Englisch – *British Slang, Australian Slang, Canadian Slang, Neuseeland Slang,* für Australien, für Indien • Färöisch • Esperanto • Estnisch • Finnisch • Französisch – für Restaurant & Supermarkt, für den Senegal, für Tunesien, *Französisch Slang, Franko-Kanadisch* • Galicisch • Georgisch • Griechisch • Guarani • Gujarati • Hausa • Hebräisch • Hieroglyphisch • Hindi • Indonesisch • Irisch-Gälisch • Isländisch • Italienisch – *Italienisch Slang,* für Opernfans, kulinarisch • Japanisch • Javanisch • Jiddisch • Kantonesisch • Kasachisch • Katalanisch • Khmer • Kirgisisch • Kisuaheli • Kinyarwanda • *Kölsch* • Koreanisch • Kreol für Trinidad & Tobago • Kroatisch • Kurdisch • Laotisch • Lettisch • Lëtzebuergesch • Lingala • Litauisch • Madagassisch • Mazedonisch • Malaiisch • Mallorquinisch • Maltesisch • Mandinka • Marathi • Mongolisch • Nepali • Niederländisch – *Niederländisch Slang,* Flämisch • Norwegisch • Paschto • Patois • Persisch • Pidgin-English • *Plattdüütsch* • Polnisch • Portugiesisch • Punjabi • Quechua • *Ruhrdeutsch* • Rumänisch • Russisch • *Sächsisch* • *Schwäbisch* • Schwedisch • *Schwiizertüütsch* • *Scots* • Serbisch • Singhalesisch • Sizilianisch • Slowakisch • Slowenisch • Spanisch – *Spanisch Slang,* für Lateinamerika, für Argentinien, Chile, Costa Rica, Cuba, Dominikanische Republik, Ecuador, Guatemala, Honduras, Mexiko, Nicaragua, Panama, Peru, Venezuela, kulinarisch • Tadschikisch • Tagalog • Tamil • Tatarisch • Thai • Tibetisch • Tschechisch • Türkisch • Twi • Ukrainisch • Ungarisch • Urdu • Usbekisch • Vietnamesisch • Walisisch • Weißrussisch • *Wienerisch* • Wolof • Xhosa

Die Reiseführer von Reise

Reisehandbücher
Urlaubshandbücher
Reisesachbücher
Edition RKH, Praxis

Algarve, Lissabon
Amrum
Amsterdam
Andalusien
Apulien
Athen
Auvergne, Cévennen

Barcelona
Berlin, Potsdam
Borkum
Bretagne
Budapest
Burgund

City-Trips mit Billigfliegern
City-Trips mit Billigfliegern, Bd.2
Cornwall
Costa Blanca
Costa Brava
Costa de la Luz
Costa del Sol
Costa Dorada
Côte d'Azur, Seealpen, Hochprovence

Dalmatien
Dänemarks Nordseeküste
Disneyland Resort Paris
Dresden

Eifel
El Hierro
Elsass, Vogesen
England, der Süden
Erste Hilfe unterwegs
Estland
Europa BikeBuch

Fahrrad-Weltführer
Fehmarn
Föhr
Formentera
Friaul, Venetien
Fuerteventura

Gardasee, Trentino
Golf von Neapel, Kampanien
Gomera
Gotland
Gran Canaria
Großbritannien

Hamburg
Helgoland
Hollands Nordseeinseln
Hollands Westküste
Holsteinische Schweiz

Ibiza, Formentera
Irland
Island, Faröer
Istanbul
Istrien, Kvarner Bucht

Juist

Kalabrien, Basilikata
Katalonien
Köln
Kopenhagen
Korfu, Ionische Inseln
Korsika
Krakau, Tschenst.
Kreta
Krim, Lemberg, Kiew
Kroatien

Landgang an der Ostsee
Langeoog
La Palma
Lanzarote
Latium mit Rom
Leipzig
Ligurien, Cinque Terre
Litauen
London

Madeira
Madrid
Mallorca
Mallorca, Leben/Arbeiten
Mallorca, Wandern
Malta, Gozo, Comino
Mecklenb./Brandenb.: Wasserwandern
Mecklenburg-Vorp. Binnenland
Menorca
Montenegro
Moskau
Motorradreisen
München

Norderney
Nordseeinseln, Dt.
Nordseeküste Niedersachsens
Nordseeküste Schleswig-Holstein
Nordspanien
Nordzypern
Normandie
Norwegen

Ostseeküste Mecklenburg-Vorp.
Ostseeküste Schleswig-Holstein
Outdoor-Praxis

Paris
Piemont, Aostatal
Polens Norden
Polens Süden
Prag
Provence
Provence, Templer
Pyrenäen

Rhodos
Rom
Rügen, Hiddensee
Ruhrgebiet
Rumänien, Rep. Moldau

Sächsische Schweiz
Salzburg, Salzkammergut
Sardinien
Schottland
Schwarzwald, südl.
Schweiz, Liechtenstein
Sizilien, Lipar. Inseln
Skandinavien, der Norden
Slowakei
Slowenien, Triest
Spaniens Mittelmeerküste
Spiekeroog
St. Tropez und Umgebung
Südnorwegen
Südwestfrankreich
Sylt

Teneriffa
Tessin, Lago Maggiore
Thüringer Wald
Toscana
Tschechien
Türkei, Hotelführer
Türkei: Mittelmeerküste

Umbrien
Usedom

Venedig

KulturSchock

Diese Reihe vermittelt dem Besucher einer fremden Kultur wichtiges Hintergrundwissen. **Themen** wie Alltagsleben, Tradition, richtiges Verhalten, Religion, Tabus, das Verhältnis von Frau und Mann, Stadt und Land werden nicht in Form eines völkerkundlichen Vortrages, sondern praxisnah auf die Situation des Reisenden ausgerichtet behandelt. Der **Zweck** der Bücher ist, den Kulturschock weitgehend abzumildern oder ihm gänzlich vorzubeugen. Damit die Begegnung unterschiedlicher Kulturen zu beidseitiger Bereicherung führt und nicht Vorurteile verfestigt. Die Bücher haben jeweils ca. 240 Seiten.

Hier eine Auswahl der lieferbaren Titel:

- Chen (Hrsg.), **KulturSchock Leben in fremden Kulturen – Mit anderen Augen sehen**
- Thiel Glatzer, **KulturSchock Afghanistan**
- D. Jödicke, K. Werner, **KulturSchock Ägypten**
- Carl D. Gördeler, **KulturSchock Brasilien**
- Hanne Chen, **KulturSchock China, mit Taiwan**
- Jens Sobisch, **KulturSchock Cuba**
- Ildikó Hámos, Ilari Sohlo, **KulturSchock Finnland**
- K. Kabasci, **KulturSchock Kl. Golfstaaten/Oman**
- Rainer Krack, **KulturSchock Indien**
- Martin Lutterjohann, **KulturSchock Japan**
- Muriel Brunswig, **KulturSchock Marokko**
- Klaus Boll, **KulturSchock Mexiko**
- Susanne Thiel, **KulturSchock Pakistan**
- Barbara Löwe, **KulturSchock Russland**
- Andreas Drouve, **KulturSchock Spanien**
- Rainer Krack, **KulturSchock Thailand**
- Manfred Ferner, **KulturSchock Türkei**
- Monika Heyder, **KulturSchock Vietnam**
- Ingrid Henke, **KulturSchock USA**

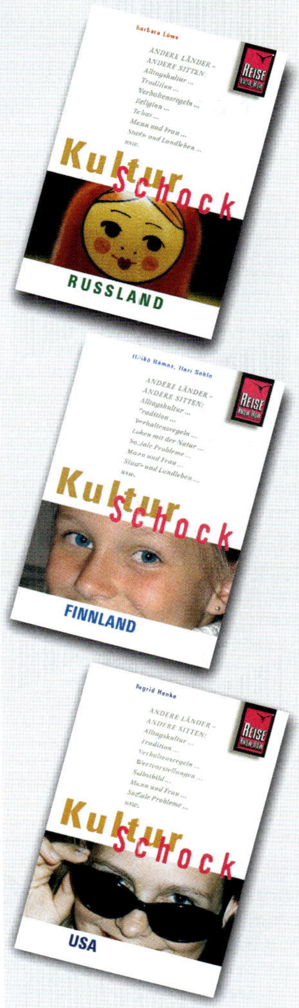

REISE KNOW-HOW Verlag, Bielefeld

Anhang

WHITE INKJET

Register

briefmarken

Die Autoren

Sabine Schwieder, 1961 geboren, studierte Germanistik, Geschichte und Theaterwissenschaft und ist heute als Journalistin und Buchautorin tätig. Für Ihre Arbeit wurde sie mit dem Theodor-Wolff-Preis ausgezeichnet.

Wolfram Schwieder, 1963 geboren, studierte Germanistik, Geografie und Skandinavistik und arbeitet heute als Fachlektor für Geowissenschaften.

163bu Foto: ws

164bu Foto: sc